beck'sche reihe

D1874414

bsr

Blutwunder, Geister, Kornkreise, Sternenglaube, UFOs – was hat es mit diesen und vielen anderen Erscheinungen auf sich?
Anhand von Bild- und Textquellen entstehen in diesem Lexikon zu jedem der Vorzeichen und Wunder kleine Geschichten, die manches, was unbegreiflich schien, aufschlüsseln – oftmals aber lassen sich die Phänomene nicht vollständig klären und behalten ihre faszinierende Rätselhaftigkeit.

Michaela Schwegler

Kleines Lexikon der Vorzeichen und Wunder

Verlag C.H.Beck

Mit 22 Abbildungen

Gesamtherstellung: Druckerei C. H. Beck, Nördlingen
Umschlagentwurf: + malsy, Bremen
Umschlagabbildung: Unter Verwendung eines Flugblattes von 1556, das einen Kometen über der Stadt Nürnberg darstellt.
Printed in Germany
ISBN 3 406 51078 7

www.beck.de

Inhalt

Einführung

Was ist ein Wunder? Wunder bewirken Staunen und Bewunderung oder Schrecken und Angst. Man versteht unter einem Wunder ein außergewöhnliches Ereignis, das empirisch wahrnehmbar ist, jedoch den bekannten Naturgesetzen widerspricht und deshalb oft einer übernatürlichen Macht zugeschrieben wird. In der christlichen Religion gilt es als Zeichen der Macht Gottes.

Grundsätzlich muß man unterscheiden zwischen Wundern im engeren Sinn (Wunderwerke, lat. *miracula*) und Wunderzeichen (lat. *prodigia*). Johann Heinrich Zedler definiert in seinem ‹Großen vollständigen Universallexikon aller Wissenschaften und Künste› aus dem 18. Jahrhundert Wunder als «übernatürliche Dinge, welche dem Lauffe und Gesetze der Natur ganz zuwider sind, und weder in dem Wesen, noch in den Kräfften der erschaffenen Dinge, und also nicht in ihrer Natur, noch auch im Wesen und in den Kräfften der ganzen Welt, und also auch nicht in der ganzen Natur gegründet sind; sondern nur allein aus des Schöpffers freyen Willen und Macht erfolgen und entstehen». Wunderzeichen dagegen sind «aussernatürliche Begebenheiten in der Natur». Während Wunderzeichen also nur außerhalb der für den Menschen zu seiner Zeit erkennbaren Naturordnung stattfinden, geschehen Wunder tatsächlich auf übernatürliche Weise, lassen sich also von den Menschen nicht in die Natur einordnen.

Zur Trennung der beiden Begriffe kam es allerdings erst im 17. Jahrhundert. Vom Mittelalter bis zum 16. Jahrhundert ging man davon aus, alle Wunder kämen von Gott und stellten im Sinne eines teleologischen Weltbilds Eingriffe Gottes in das Weltgeschehen dar, die meist positiv bewertet und von den Menschen als selbstverständlich angesehen wurden. Bereits der Kirchenvater Augustinus betonte in seinem ‹Gottesstaat› (‹*De civitate Dei*›, 413–426), Gott habe schon mit der Erschaffung der Welt und der Menschen ein großes Wunder vollbracht, sich aber auch danach immer wieder mit Wundern in den Weltlauf eingeschaltet. Ein Wunder ist seiner Meinung nach ein für den Menschen unbegreifliches Ereignis, das Gott in der Welt bewirkt.

Dieses Wunderverständnis blieb das ganze Mittelalter hindurch gültig. Erst im 17. Jahrhundert begriff man Wunder nicht mehr als Selbstverständlichkeit, sondern begann sie zu hinterfragen. So schreibt Benedict von Spinoza in seinem ‹*Tractatus theologico-politicus*› 1670, Wunder entstünden «nicht ausserhalb, sondern innerhalb der Natur» und seien nur aus der Perspektive des Menschen zu einer bestimmten Zeit etwas Ungewöhnliches. Sie hätten eine «begrenzte Macht», woraus zu schließen sei, «dass Gott, sein Dasein und seine Vorsehung aus den Wundern nicht erkannt werden kann, sondern dass diese weit besser aus der festen und unveränderlichen Ordnung der Natur erkannt werden». Wunder sind somit nichts Außerordentliches mehr, sondern vielmehr «natürliche Ereignisse», können also in das von Gott geschaffene Naturganze eingeordnet werden.

Noch einen Schritt weiter als Spinoza geht Gottfried Wilhelm Leibniz zu Beginn des 18. Jahrhunderts, wenn er die These vertritt, die bestehende Welt sei die beste aller möglichen Welten und Gott habe dabei auch «Wunder von vornherein im vollkommenen Weltplan angelegt». Ging Spinoza davon aus, daß Wunder nur aus der Sicht der Menschen als etwas Ungewöhnliches erscheinen, so betonte Leibniz, Gott habe die Wunder bewußt in die bestmögliche Welt integriert.

Vor diesem theoretischen Hintergrund werden sämtliche Wunderzeichen, also wunderbare Ereignisse, die lediglich außerhalb der bekannten Naturgesetze stattzufinden scheinen, nun in die Naturordnung integriert und wissenschaftlich erklärt. Aus Zeichen Gottes werden seit dem 18. Jahrhundert natürliche Vorgänge, die den Menschen höchstens aufgrund ihrer Ungewöhnlichkeit in Staunen versetzen, jedoch keine Wunder im engeren Sinn sind.

Die ‹echten› Wunder hingegen werden von den Theologen weiterhin als übernatürliche Einwirkungen Gottes interpretiert, die konstitutiv für den katholischen Glauben sind. Man bemüht sich darum, die echten, gottgesandten Wunder von den dämonischen oder abergläubischen Täuschungen zu trennen. Während Wunderzeichen also zu wissenschaftlichen Tatsachen geworden waren, bleiben Wunder als religiöse Glaubensinhalte erhalten und sind es bis heute.

In den letzten zwei Jahrhunderten entstand zudem eine neue Art von Wunderglauben, der sich aus Esoterik, Okkultismus und der New-Age-Bewegung speist. Zu den entsprechenden modernen Wundern zählen zum Beispiel UFOs oder Kornkreise. Sie werden zwar nicht mehr auf Gott zurückgeführt, stellen aber nach wie vor eine Verbindung zu einer jenseitigen oder anderen Welt dar. Oft werden sie jedoch psychologisch als kollektive Visionen, Wahnvorstellungen oder außersinnliche Wahrnehmungen interpretiert.

Alle drei Arten von Wundern, also Wunder im engeren Sinn, Wunderzeichen und moderne Wunderformen, wurden in das Lexikon aufgenommen. Allgemeiner könnte man sagen, es werden alle Phänomene behandelt, die zu irgendeiner Zeit als übernatürlich interpretiert wurden oder werden, einen vorzeichenhaften Charakter haben und auf eine höhere Macht zurückgehen. Nicht berücksichtigt wurden deshalb Glückssymbole wie etwa vierblättrige Kleeblätter, Schornsteinfeger und ähnliches sowie Unglückszeichen wie schwarze Katzen oder Freitag der 13. Denn sie gelten zwar als Zeichen, werden jedoch nicht als etwas Übernatürliches angesehen.

Ausgeschlossen bleiben auch jene Wunder, die einzig die Bibel überliefert. Zwar wird in einigen Artikeln auf Beispiele aus der Bibel hingewiesen, eine ausführliche Interpretation jedoch nicht gegeben, da sie rein theologischer Art sein müßte und deshalb ihren Platz in der entsprechenden Fachliteratur hat.

Die behandelten Phänomene, die den genannten Definitionen entsprechen, können grob in fünf thematische Gruppen unterteilt werden: Naturereignisse, religiöse Erscheinungen, Volksglaubensvorstellungen, parapsychologische Phänomene und medizinische Wunder. Die meisten Berichte gibt es über sämtliche Arten von Himmelserscheinungen, also Nordlichter, Kometen, Nebensonnen, Finsternisse, Sternschnuppen usw.

Bei der Beschreibung der Phänomene wurden vorrangig deutsche Beispiele gewählt und entsprechend vor allem deutsche Quellen herangezogen. Nur vereinzelt sind Beispiele aus anderen europäischen Ländern vertreten.

Zeitlich liegt der Schwerpunkt auf der Entwicklung seit der beginnenden Neuzeit, da erst ab dieser Epoche eine ‹realistische› Interpretation der meisten Phänomene greifbar ist. In einigen Fällen, in denen es interessant oder sogar wichtig für das Verständnis der Wunder ist, wird auf mittelalterliche oder auch antike Vorstellungen zurückgegriffen.

Für die meisten Artikel boten frühneuzeitliche Flugblätter und Flugschriften eine entscheidende Quelle. Dabei handelt es sich um nicht periodisch erscheinende Druckwerke von geringem Umfang, die bereits kurz nach Erfindung des Buchdrucks entstanden und als erste Formen von ‹Massenmedien› gelten können. Sie sind meist illustriert, so daß auch ein weniger gebildetes Publikum sie als Nachrichtenquelle nutzen konnte. In ihrer Mischung aus sensationsbetontem Text und oft übertriebener Abbildung des Ereignisses sind frühneuzeitliche Flugblätter und Flugschriften die besten Zeugnisse für den Glauben an Wunder und Vorzeichen im 16. und 17. Jahrhundert.

Viele dieser Druckschriften sind in den Faksimile-Ausgaben von Wolfgang Harms, Dorothy Alexander und Walter L. Strauss (→ Allgemeine Literatur) zusammengetragen worden. Die meisten unserer Beispiele wurden diesen Schriften entnommen und können dort nachgelesen werden.

Neben den Flugblättern und Flugschriften als Hauptquellen für den Glauben an Wunder und Vorzeichen wurden zahlreiche wissenschaftliche Texte zu Rate gezogen, die vermehrt ab dem 18. Jahrhundert veröffentlicht wurden. Anhand dieser Schriften kann man nachvollziehen, wie sich die (natur)wissenschaftliche

Interpretation der einzelnen Phänomene entwickelt hat und wie man sie heute definiert.

In den Originalzitaten wurden unklare Schreibungen zum Teil an die neuhochdeutsche Form angepaßt, um das Verständnis der Texte zu erleichtern. Genaue Quellenangaben der zitierten Texte wurden unterlassen, um den Lesefluß nicht zu behindern. Wer sich näher dafür interessiert, sei auf den ausführlichen Katalogteil meines Buches ‹«Erschröckliches Wunderzeichen» oder «natürliches Phänomenon»? Frühneuzeitliche Wunderzeichenberichte aus der Sicht der Wissenschaft› (→ Allgemeine Literatur) sowie die dazugehörige Datenbank, die im Internet unter www.wunderzeichen.de abgerufen werden kann, verwiesen.

Die frühen Wunderzeichenberichte weisen große Ähnlichkeit mit heutigen Sensationsmeldungen in der Boulevardpresse auf. Deshalb wurden als aktuelle Beispiele vielfach Zeitungsartikel aus den letzten Jahren zitiert. Doch auch das Internet bietet eine Fülle an modernen Wundergeschichten, auf die bei einigen Stichwörtern verwiesen wird.

Vorzeichen und Wunder von «Blutwunder» bis «Wundertiere»

Blutwunder

«Wußten Sie schon, daß im Jahre 1934 in Teilen Südfrankreichs und in den oberitalienischen Alpen ein Blutregen fiel? Dieser kam durch Beimengungen roten Staubes aus der Sahara zustande.» So konnte man jüngst in einer Unterhaltungszeitschrift lesen. Aber warum spricht man von diesem Niederschlag als «Blutregen» und nicht als «Staubregen»?

Blut hat seit alters eine große Rolle im Volksglauben gespielt. Bereits in der Antike galten sogenannte Blutwunder als Unheilsprodigium. Für Römer und Griechen waren sie eindeutige Zeichen des Zorns der Götter, der mit Opfern und Geschenken besänftigt werden mußte, um größeres Unheil von den Menschen abzuwenden. Darüber hinaus sah man Blutwunder als Vorzeichen für Kriege. So schreibt beispielsweise Titus Livius in seiner ‹Römischen Geschichte› aus dem 1. Jahrhundert v. Chr., daß Quellen aus «blutigem Wasser», «blutige Ähren», «blutschwitzende Gegenstände» und «Blutregen» den Zweiten Punischen Krieg angekündigt hätten.

Auch in der Frühen Neuzeit galten Blutwunder noch ähnlich wie in der Antike als negative Vorzeichen. Und das am häufigsten auftretende Blutwunder war der **Blutregen**. 1554 heißt es in einem Flugblatt über einen Blutregen in Dinkelsbühl, er sei ein «warzeichen» für «krieg und blutvergiessen». Das Blut sei auf «hembd, leylach, und tischtücher» geregnet und konnte nicht mehr ausgewaschen werden. Auch auf «baum, büsch, und zeun» sei das Blut gefallen, so daß die blutgefleckten Blätter als Beweis-

Flugblatt von Hans Glaser über einen Blutregen, der 1554 in Dinkelsbühl niedergegangen sein soll

mittel «an gute freundt» geschickt werden konnten. Der Blutregen wird als Vorzeichen des nahenden Weltendes und als Aufruf zu Buße und Umkehr interpretiert.

Ganze Listen von Blutregen, die sich seit der Antike bis zum 17. Jahrhundert ereignet haben, präsentieren Johann Lentz in seinem ‹Wunder- und Buß-Spiegel› 1643 und Friedrich Eckarth in seiner ‹Historischen Beschreibung von Blut Regen› 1752. Auch in Predigten sind Blutwunder anzutreffen, wie zum Beispiel in Benedict Teupitz' ‹Blut- und Buß-Predigt›, in der er eine ‹Christliche und Schrifftmäßige Erklärung Allerhand Blut-Zeichen› gibt und diese als «Mittel der Straffen, und Vorboten allerley Unglücks» interpretiert.

Neben Blutregen zählen zur Gruppe der Blutwunder auch **Blutquellen**, das heißt aus dem Boden entspringendes Blut. Eine Flugschrift von Hieronymus Körnlein aus dem Jahr 1623 berichtet davon, daß «in sieben Orten Blut gesehen worden: Als nemblich auß einem Kübel, darauß deß Hirten Fraw die Füß gewaschen, Schrannenbein, auß einem Stein darauff der Of gestanden, auß einem Bettbret, und dann endlich an drey unterschiedlichen Orten deß Stubenbodens». Am Ende der Schrift heißt es: «Bitte Gott täglich frü und spat, daß er uns zeige seine Gnad, uns nicht heimsuchen thue, mit Blutvergiessung, Krieg und streit, mit Pestilenz und Theurer zeit, sondern bring uns zu ruhe.»

Von Blutquellen, die 1583 «zu Beyelstain bey grossen Botmar» entsprungen sein sollen, erzählt ein Flugblatt von Leonhard Reinmichel. Neben den «Blutadern und quellen», die im Wassergraben an einigen Stellen «auffgequollen und geflossen» sind, seien zugleich «drey grosse erschröckliche Chasmata gesehen worden», und man habe «Leüt auß den Lüfften hören reden, und mancherlay Kriegsrüstungen gesehen, und ein gebölder gehört, als wann man Harnisch hört kläppern, Item Trommen und Pfeiffen».

Eine dritte Art von Blutwundern stellen **Blutsverwandlungen** dar. In einer Flugschrift aus dem Jahr 1638 heißt es von einem Teich, er habe sich in Blut verwandelt «und hat diese Art gehalten, daß es allezeit von frü an, biß nach Mittag umb 1. Uhr gewehret». Danach sei «das Wasser wieder hell und klar worden», doch sei es «voller Bläßlein» gewesen, die zu «Blutströpfflein» wurden, sobald man sie anfaßte. Den Höhepunkt dieses Blutwunders markierten zwei pfarrherrliche Schnupftücher, auf denen sich in den Blutstropfen einmal «das Haupt Johannis des Täuffers», zum anderen «ein klein Beinlein, in gestalt eines Todten Kopffs» gezeigt hätten. Dies alles sei ein «schrecklich Exempel».

Eine Flugschrift von 1720 berichtet über die Verwandlung von Wasser, Mus und «Sauer-Teig» in Blut. Der Sauerteig sei so «Blutfärbig gewesen, daß, wo ein Tropffen von dem Liquore desselben hingefallen, es einen Blut-rothen Fleck verursachet und hinterlassen». Die Bedeutung dieser Blutsverwandlung erschließt sich dem Autor aus der Historie: «Denn wenn man in andern Geschicht-Büchern nachsuchet, so findet man, daß dergleichen Verwandelungen grosse Kriege, entsetzliche Blutstürtzungen, unmenschliches Morden, grausame Raubereyen, erschröckliches Plündern und Stehlen nach sich gezogen.»

Als viertes schließlich zählt das **Blutschwitzen** zur Gruppe der Blutwunder. Schon in der Antike wurde es an Götterbildern, Götterstatuen oder Altären beobachtet und oft, wenn das Blut am Gesicht herabfloß, als Weinen interpretiert. Auch in der Frühen Neuzeit wird es durchweg als äußerst negatives Vorzeichen ausgelegt.

Eine anonyme Flugschrift von 1672 berichtet von allerlei blutschwitzenden Gegenständen: «Indem bey einem Zeugmacher allda klares Blut an der Decken, Tisch, Stül, Bänck, Weberstab, und so fort, bis in die 25. sondere Ort geschwitzet, an manchem Orth zusammen gelauffen, und geronnen, und so fest worden, daß man es nicht zertretten kan.»

Um keine Gegenstände, sondern um einen blutschwitzenden Jungen geht es in einem Augsburger Flugblatt von 1588: «Wie unser Herr und Heyland Jesus Christus, da Er jetzunder under dem schweren unerträglichen last unserer Sünden, an sein bitter leid und sterben hat treten sollen ..., das Er da zu mal angstlichen Blutschweiß geschwitzet und verröhret hat», so schwitzt auch der Junge Johannes Kreutzer, der «ein schöner, volkomner, wolgestalter und Weisser knab» ist, Blut. Wie Jesus wegen der «schweren unerträglichen laast unnserer Sünden» sterben mußte, sind – so läßt sich aus dem Text schließen – auch in diesem Fall die sündhaften Menschen am Leid des Kindes schuld.

Blutwunder werden also bis zum Beginn des 18. Jahrhunderts sehr stereotyp als Zeichen für die Sünden der Menschen und als Aufruf zu deren Umkehr verstanden. Daß man im 17. Jahrhundert jedoch bereits über andere Erklärungskonzepte verfügte, belegt Nicolaus Höpffners ‹*Ominosa Curiosa*› von 1692. Einige «Naturalisten», so schreibt er, seien der Annahme, daß es Blut regne, «wenn die Hitze der Sonnen, oder das unterirdische Feur ... eine gute Quantität Dünste austreibet» und diese dann, «in Regen resolviret, herunter fallen». Eine andere Erklärung bestünde darin, daß «die allzugrosse Sonnen-Hitze die Wasser-Dämpffe verkoche, davon hernach das Wasser des Regens roth herab uff die Erden falle». Eine dritte Erklärung könnte lauten: «Wenn grosse Schlachten geschehen, oder sonst ein ziemlich Anzahl Viehs geschlachtet, und also viel Blut vergossen worden, da denn die Hitze der Sonnen die Blut-Dämpffe, oder blutigen Dienste, von der Erden oder dem Wasser, wo nemlich, das Blutvergiessen geschehn, an sich ziehe, und gebe hernach durch einen Regen aus den Wolcken es wieder von sich.» Allen drei Deutungen ist gemeinsam, daß die Sonne für den Blutregen verantwortlich ist. Sie unterscheiden sich lediglich in der Herkunft des roten Materials, das durch die Sonnenhitze verdampft und als Regen wieder niederfällt.

Auch Blutquellen versucht man bereits im 17. Jahrhundert natürlich zu erklären, wie Johann Hartmanns ‹Fränkische Blut-Geschicht› von 1676 belegt. Das Blut «müsse entweder von oben und aussen, oder von unten und innenhero ins Wasser kommen. Sollte es von oben und aussen kommen, so müste es entweder vom Gestirn rühren, oder von Menschen eingeschüttet worden seyn.» Hinsichtlich der Art des Blutes kommt er zu dem Schluß, daß es aufgrund seines Aussehens und seiner Konsistenz «einem animalischen, natürlichen Blut ähnlich» sei.

Wachsendes Mißtrauen gegenüber der Realität des Blutes sowie erste meteorologische Erklärungsansätze begegnen dann im 18. Jahrhundert. So gibt Friedrich Eckarth 1752 zu bedenken, daß er sehr daran zweifle, «ob es jemahlen in der Welt Blut geregnet habe: So sich etwan Blut-rothe Tröpflein nach einem Regen haben finden lassen; so ist bey mit die Frage: Ob sie herunter gefallen aus der Lufft? oder ob sie vorher nicht von denen Sommer-Vöglein oder andern Ungeziefer seyn abgeleget worden?» Neben seinem generellen Zweifel formuliert Eckarth einen ersten Deutungsversuch, indem er Vögel und Ungeziefer als Urheber benennt.

Einen ‹natürlichen› Erklärungsversuch unternimmt auch der Schulmeister zu Glücksfeld in seinem ‹Dorfconvent, welches allerley Gespräche von Hexen, Gespenstern, Schatzgräbern und Naturerscheinungen enthält› von 1770. In einem fiktiven Gespräch über den Blutregen macht der Prediger seinem Gesprächspartner klar, daß nicht «alles Blut [ist], was roth ist», sondern daß es sich vielmehr um «rothen Blüthenstaub» gehandelt habe, aus dem der Aberglaube Blut mache. Und noch zwei weitere natürliche Erklärungen für die rote Färbung des Wassers fallen dem Prediger ein. Es könnte sich um eine «ungeheuere Menge Wasserflöhe und rother Würmer, die man mit bloßen Augen nicht einmal als Thierchen erkennen kann», handeln oder aber um den «Reinigungssaft vieler Schmetterlinge», den diese beim Ausschlüpfen aus ihren Puppen von sich geben.

Damit sind die drei wichtigsten Erklärungsmodelle für den Blutregen angesprochen. Denn in der Tat geht man auch heute noch davon aus, daß entweder ein rötlich gefärbter Staubfall oder die Blutstropfen, die Bienen und Schmetterlinge beim Auskriechen aus der Puppe hinterlassen, oder das massenhafte Auftreten der Blutalge, das der Schulmeister wohl mit den Wasserflöhen und roten Würmern gemeint hatte, für das blutfarbene Wasser verantwortlich sind. Während der Schulmeister diese Erklärungen jedoch nur nannte und zum Teil auch noch nicht exakt fassen konnte, beschäftigten sich im 19. Jahrhundert einige Naturforscher mit diesem Problem und kamen so der Wahrheit immer näher.

Ein erster Schritt in diese Richtung gelang Philippos Joannis in seiner Dissertation von 1836, in der er den Blutregen mit «Stein- und Staub-Niederschlägen» in Verbindung brachte. Er erkannte, daß die aus Meteorsubstanzen bestehenden Staubniederschläge oft «in einem gelblichen, oder blutrothen Regen und Schnee» niederfielen. Zur Klärung des Ursprungs dieser Staubniederfälle äußert Joannis verschiedene Hypothesen: Sie könnten lunarischen, planetarischen oder kosmischen Ursprungs sein. Er gibt jedoch der Vermutung den Vorzug, daß der Erdmagnetismus, der zu der «Zerlegung der Metalle und Erden» imstande ist, für dieses Phänomen verantwortlich sei.

Ebenfalls für einen Staubniederfall hält Christian Gottfried Ehrenberg 1849 das Phänomen des Blutregens. Indem er ihn einer detaillierten Analyse «unter dem Mikroskop» unterzieht, gelangt er zu dem Schluß, daß es sich bei den «Blut-Regen» um «Passat-Staub» handelt, der hauptsächlich aus «sehr feinen sandartigen Quarztheilchen und unregelmäßigen röthlichen Theilchen» bestehe. Wenn dieser Passatstaub nun mit Regenfällen zusammentrifft, «bewirkt er die Erscheinung rother (für aufgeregte Gemüther blutartiger) Gewässer».

Auch wenn man im 19. Jahrhundert noch unterschiedliche Erklärungsvarianten bevorzugte, so hatte man doch erkannt, daß es sich bei den Blutwundern nicht, wie früher angenommen, um eine astronomische Erscheinung handelt, die von der Sonne ausgelöst wird, sondern um eine meteorologische, die entweder auf Staub zurückzuführen oder aber tierischer (Schmetterlinge) oder pflanzlicher (Algen) Natur ist. Man verabschiedete sich nun endgültig von der Vorzeichenbedeutung der Blutregen und konnte aufgrund chemischer Analysen den wahren Ursprung der roten Materie aufdecken.

Wenn es heute «Blut» regnet, dann nur noch in Anführungszeichen. Denn man weiß bei rotgefärbtem Regen, der vor allem in Südengland – so etwa 1968 und 1984 –, aber auch in anderen Ländern auftritt, daß es sich bei dem Phänomen um aufgewirbelten Saharasand handelt und nicht um Blut.

Eine Ausnahme von dieser ‹aufgeklärten› Interpretation der Blutwunder bildet jedoch das Blutschwitzen bzw. Blutweinen, das auch heute noch für Pressemeldungen sorgt. So wurde im März 2002 berichtet, die Statue des seligen Pater Pio in Messina auf Sizilien weine Blut, woraufhin Tausende von Gläubigen an den Ort gepilgert seien. Sie betrachteten das «Blutweinen» als Wunder, in Wirklichkeit handelte es sich jedoch um den üblen Scherz eines Jugendlichen, der die Statue mit Blut bespritzte.

Medizinisch gesehen, handelt es sich beim Blutschwitzen um Pigmentierungen, Blutadergeschwülste oder Dermographismus, laut aktueller Medizinlexika eine «vaskuläre Hautreaktion (Axonreflex) auf mechan. Reiz». Unter dem Stichwort «Blutschwitzen» wird in manchen medizinischen Nachschlagewerken auf die

Krankheit «Haemhidrosis» verwiesen. Dieser Terminus bedeutet nichts anderes als «Blutschweiß» und wird definiert als «Rotfärbung des Schweißes durch äuß. Blutbeimengung oder (fraglich) durch Diapedeseblutung der Schweißdrüsenkapillaren». Auch wenn diese Krankheit noch nicht vollständig erforscht ist, so ist sie doch in der Medizin erfaßt und mit einem Terminus versehen. In der Alltagssprache hat sich die Verbindung von Blut und Schweiß in der Redewendung «Blut und Wasser schwitzen» erhalten.

Bei den blutschwitzenden Gegenständen dürfte es sich entweder um ähnliche Erscheinungen wie beim Blutregen handeln oder aber um betrügerische Täuschungen. Ähnlich wie mit der Statue des Padre Pio in Messina 2002 könnte sich jemand einen Scherz erlaubt und die Gutgläubigkeit der Menschen ausgenutzt haben. Dennoch gibt es immer wieder Berichte von blutschwitzenden religiösen Objekten, über deren Wahrheit nicht entschieden werden kann. So floß aus einem «Reliefbild des heiligsten Herzens Jesu», das in der Wohnung einer Familie auf Malta hing, eine dunkle Flüssigkeit, und zwar direkt aus den Nagelwunden des gekreuzigten Jesu. Der Vorfall wurde von hohen Geistlichen überprüft und das Bild in Gewahrsam genommen, eine Stellungnahme zu dem ‹Wunder› lehnt die Kirche jedoch vorerst ab.

Ähnliches trug sich 1953 in Entrevaux (Frankreich) zu. Ein als ungläubig bekannter Hotelbesitzer stieß eines Tages eine Statue der Heiligen Anna um, woraufhin aus der Bruchstelle des abgeschlagenen Fingers eine rote Flüssigkeit heraussickerte. Eine Untersuchung kam zu dem Ergebnis, daß es sich um menschliches Blut handelte, Betrug konnte ausgeschlossen werden. Die Kirche leitete vor einigen Jahren eine Sonderuntersuchung ein und lehnt es wiederum ab, vor Abschluß der Untersuchung Stellung zu nehmen.

Lit.: James M. Bradburne (Hg.): Blut. Kunst, Macht, Politik, Pathologie, München/London/New York 2001; Bruno Grabinski: Flammende Zeichen der Zeit. Offenbarungen, Erscheinungen, Prophezeiungen, Mystik und Pseudomystik in der Gegenwart, Gröbenzell 1972; David

Warren Sabean: Power in the Blood. Popular culture and village discourse in early modern Germany, Cambridge 1984; Carl Gottfried Wilhelm Vollmer (alias W. F. A. Zimmermann): Der Erdball und seine Naturwunder. Populäres Handbuch der Physischen Geographie, 1. Bd., 2. Abt., Berlin ^{11}1861, S. 249–254.

Engel

Engel sind uns vor allem im religiösen Bereich, vorwiegend aus der katholischen Kirche, bekannt. In Erzählungen treten sie zumeist als weißgekleidete Männer auf und erscheinen entweder alleine oder in einer kleinen Gruppe einer bestimmten Person. Für diese allein sind sie sichtbar. Ihr offenbaren sie, daß sie von Gott geschickt wurden, um die Menschen zur Buße aufzurufen, ihnen zu helfen oder ihnen sonst eine Botschaft zu überbringen.

Ein Flugblatt aus dem 16. Jahrhundert erzählt die Geschichte einer Witwe mit zwei Kindern, die keine Unterkunft für die Nacht fand und dachte, sie müsse nun mit ihren Kindern sterben. Da trat ein Engel auf und sagte zu ihr: «dieweil du ruffst zu Gott, so bring ich dir ein Laiblein Brot, das thut dir dein Gott schicken, biß nur getrost mit deinem Kind, komm her mit mir dort an dem End, will ich dein Hertz erquicken.» Der Engel hilft also in diesem Fall nicht nur mit Worten, sondern mit Materiellem, nämlich einem Laib Brot.

Nicht mit Nahrung, dafür aber mit Silber hilft Gott einem armen Mädchen in einer Flugschrift von 1605. Dort wird von einem Engel berichtet, der dem Mädchen eine Stelle zeigt, an der «gepregte Silber aus der Erden heraus gequollen und gleichsam erführ getrieben» sind. Wie bei den → Nahrungswundern wird somit auch durch dieses Wunderzeichen ausgedrückt, daß Gott den armen Menschen hilft und für sie Wunder tut.

Manchmal treten Engel auch in Kirchen auf und sind für mehrere Leute sichtbar. Ein anonymes Flugblatt von 1612 berichtet von einer Kirche in Koblenz, in der man drei Nächte hintereinander die Glocken von selbst läuten hörte. In der vierten Nacht beschloß schließlich «der Thumdechand mit seinen Verwandten», die Kirche zu öffnen, und fand «zween weisse Engel» vor, die neben dem Altar standen, sangen und den Menschen Gottes Strafen ankündigten.

Keine negativen, sondern durchaus positive Prophezeiungen machen zwei Engel, die an Ostern 1581 einem Mann namens Jacob Weissel begegnen. Sie sprechen «viel von dem Jüngsten tage» und der «grossen Herrligkeit», die den Christen dann widerfahren werde. Nach dieser Verkündigung traten die Engel näher an Jacob Weissel heran, und er wurde «von einer schönen und weissen liechten Wolcken, auffwerts gen Himmel gehoben und geführet». Dort habe er «himmlische Gesenge» gehört und «das neue Himmlische Jerusalem, mit wunder schönen Thürmen geziret, und desselbigen Liecht und Glantz» gesehen. Die Engel trugen ihm daraufhin auf, «Er wölle jederman solches Gesicht offenbaren» und so allen Menschen von der Herrlichkeit des Himmels berichten.

Bei Engeln, wie sie uns in der Frühen Neuzeit begegnen, handelt es sich somit durchweg um Boten Gottes, wie sie die katholische Kirche versteht, nämlich um körperlose Wesen, die mit Verstand und freiem Willen ausgestattet und besonders zum Dienst an den Menschen bestimmt sind. Sie geben ihre Botschaft Gottes nicht mit Hilfe von Zeichen, sondern persönlich an die Menschen weiter.

Bereits in der Antike und im Mittelalter gab es vielfältige Bemühungen zu einer Systematisierung der Engellehre, doch zweifelte kein Theologe an ihrer Existenz als von Gott geschaffenen, zwischen Gott und den Menschen angesiedelter Wesen. Erst im 18. Jahrhundert begann eine theologische Auseinandersetzung um das Wesen der Engel.

Auf Thomas von Aquins Ansicht basierend, daß Engel reine Geistwesen seien, spielte sich diese Diskussion meist innerhalb der allgemeinen Debatte über Geister ab. So definiert Balthasar Bekker in seiner Abhandlung über ‹Die Bezauberte Welt› von

Warhafftige Newe Zeitung/
Wie sich der Engel Gottes eim
Weib/ da die in jrem Gebet sampt jren Kindern ver=
harret/ erschienen/ vnd was er zu jhr geredt/ vnd jhr angezeigt/
wie erschreckliche sachen als bald in der Welt ergehen sollen/ daß
sie es allen Leuten verkündigen solte/ etc.
Geschehen in einem Dorff Olschnitz genandt/ hin=
der der Statt Nachod/ im Gebiet der Edlen vnnd gestrengen
Herrn Christoff vnd Sygißmundus Gebrüder von Regern/ zum Homer=
stein/ etc. den 5 Tag Novembris/ Anno 1591.

M. D. LXXXXII.

Titelblatt einer Flugschrift von Leonhard Heußler
über eine Engelserscheinung von 1591

1693 einen Geist als ein Wesen, «das in allem unleiblich ist, nicht die geringste Gemeinschafft mit einem Leibe habe». Als Untergruppen der Geister nennt er die Seele des Menschen und die Engel, die er als Geister bezeichnet, «die zu keinem Leibe verordnet oder eingeschrencket, oder damit wesentlich vereiniget sind». Bekker gibt zu bedenken, daß Engel in der Bibel nicht belegt seien und man auch sonst «ihre Wirckungen niehmals vernommen» habe. Deshalb sieht er keinen Grund dafür, «warumb solche Geister, die wir Engel nennen, solten müssen seyn». Umgekehrt könne man jedoch auch das Gegenteil nicht beweisen. Aus diesen Überlegungen schließt Bekker: «So die Engel auff unsere Seele wircken, so muß es seyn, durch Regierung unser Gedancken.» Engel sind seiner Ansicht nach also keine tatsächlich existierenden Wesen, sondern lediglich von Gott geschickte «Gedancken» an die Menschen.

Eine ähnlich abstrakte Beschreibung der Engel liefert Johann Pordädsche in seiner ‹Göttlichen und Wahren Metaphysica› von 1715. Er definiert «Geist» als «eine bewegende Krafft», die «ein natürliches Vermögen habe auf leibliche Dinge zu würcken». Auch wenn Geister nicht materiell faßbar seien, so geht Pordädsche im Gegensatz zu Bekker trotzdem davon aus, daß sie aufgrund ihrer spürbar ausgeübten Kräfte tatsächlich vorhanden sind. Ja, sie seien sogar notwendig für die Welt, für das Leben der Menschen und die «ewige Glückseeligkeit». Die Geister und damit auch die Engel können immer und überall erscheinen, solange «es Gott zulasse und zugebe». Die Tatsache, daß man sie nicht sehen könne, sei kein Argument für ihre Nichtexistenz, da schon viele «die Engel mit den inwendigen Augen ihres Ewigen Geistes beschauet, ihre Stimmen gehöret, ihren Geruch gerochen, ihre ausfliessende Freude geschmecket, und ihre Gestalt und Figur erkant haben».

Im Gegensatz zu den mittelalterlichen und frühneuzeitlichen Vorstellungen, in denen die Engel als menschliche Gestalten in weißen Gewändern auftreten, entfernt man sich im 18. Jahrhundert immer mehr von der bildhaften Darstellung und zählt die Engel zu den Geistwesen, die immateriell und gestaltlos sind und von Gott zu den Menschen geschickt werden. Ihre Existenz könne, obwohl sie aus deistischer Weltsicht überflüssig seien, nicht widerlegt werden.

Trotz dieser abstrakten Definition endet die Tradition der bildlichen Darstellung von Engeln nicht, wie die auch im 18. und 19. Jahrhundert vorhandenen zahlreichen Abbildungen in Büchern, auf Schutzengelbildern und in Kirchen zeigen. Die heutige Theologie geht davon aus, daß Engel zwar an sich, wie in den Schriften des 18. Jahrhunderts postuliert wurde, reine Geistwesen sind, doch können sie sich den Menschen auf Gottes Geheiß in Form von objektiv sichtbaren Körpern zeigen. Dies scheint auch tatsächlich des öfteren vorzukommen. Eine Umfrage des Instituts für Demoskopie in Allensbach im Jahr 2000 ergab, daß fast jeder dritte Deutsche noch heute an die Existenz von Engeln glaubt, und jeder fünfte dieser Engelsgläubigen ist nach eigener Darstellung schon einem solchen Lichtwesen begegnet.

Lit.: Markwart Herzog (Hg.): Die Wiederkunft der Engel. Beiträge zur Kunst und Kultur der Moderne, Köln 2000; Heinrich Krauss: Die Engel. Überlieferung, Gestalt, Deutung, München 2000; Heinrich Krauss: Kleines Lexikon der Engel, Von Ariel bis Zebaoth, München [2]2002; H.C. Wendlandt: Engel, in: Lexikon für Theologie und Kirche, Bd. 3, Freiburg im Breisgau [2]1931, Sp. 672–678; Johann Heinrich Zedler, Großes vollständiges Universallexikon aller Wissenschaften und Künste, Bd. 8, Leipzig/Halle 1734, Sp. 1176–1186.

Erscheinungen

Erscheinungen und Visionen sind psychische Erlebnisse übernatürlicher Wirklichkeiten. Meist handelt es sich um Begegnungen mit Gott, Engeln oder Verstorbenen. Fast immer sind die Erlebnisse religiös ausgerichtet.

Ein ‹Extract Zweyer Schreiben aus Leipzig den 25. Jenner. Von wunderlichen Erscheinungen, und Wunderwercken› von 1661 berichtet von einem Nachtwächter, dem ein kleines Kind erschien und ihm mitteilte, daß der Jüngste Tag nicht mehr fern sei. Der Nachtwächter sei daraufhin todkrank geworden. In der nächsten Nacht sei dem zweiten Nachtwächter wiederum ein Mann in weißen Kleidern erschienen, der dasselbe sagte wie das Kind in der Nacht zuvor. Es erschienen in dieser Nacht zudem Feuer am Himmel, Speisen verwandelten sich in Blut, und Gräber gingen auf. Einige Zeit später erschien einem Holzfäller ein Türke mit blutigem Säbel und einem blutenden Menschenkopf unter dem Arm. Daraufhin hatte er die Vision, Dresden stehe in Flammen. Als er jedoch zur Stadt gelaufen sei, sei nichts gewesen. Wiederum einige Tage später habe man drei Schiffe auf der Elbe nahen sehen, aus denen kleine Kinder und Leute mit Hacken, Schaufeln, Leitern und Stricken gestiegen seien. Außerdem sei in vielen Häusern das Essen zu Blut geworden, ein Stadttor soll sich von selbst geöffnet haben, ein Mönch soll in der Stadt umhergewandert sein, und bei den Stadtwächtern sah man Gespenster. Diese Visionen wurden, wie aus dem Bericht hervorgeht, kollektiv von zahlreichen Bewohnern Dresdens erlebt. Sie vereinen sämtliche Unheilsvorzeichen, die man sich nur vorstellen kann. Man betrachtet die Erscheinungen als Eingebungen Gottes, der die Menschen zu Reue und Buße auffordern möchte und ihnen das Ende der Welt androht.

Während im 16. und 17. Jahrhundert Geschichten über Erscheinungen noch in tiefer Gläubigkeit an deren Wahrheit und ernste religiöse Bedeutung erzählt werden, geht man im 18. Jahrhundert kritischer damit um. Justus C. Hennings schreibt in seiner Abhandlung ‹Von den Ahndungen und Visionen› (1777), daß es zwar eine Verbindung gebe zwischen Vergangenheit, Gegenwart und Zukunft und manche Menschen besonders dazu begabt seien, die Zukunft vorherzusehen. Doch entstünden viele Visionen «aus Hypochondrie und Schwermuth». Oftmals habe es eine ganz natürliche Erklärung, daß vorhergesagte Dinge tatsächlich eintreten, da sich Ereignisse oft durch Vorboten ankündigen und man allein aufgrund dieser Anzeichen die Zukunft prognostizieren könne. Mit übernatürlichen Fähigkeiten habe das nichts zu tun. Deshalb sei es auch sinnlos, mit Hilfe bestimmter Orakelmethoden in die Zukunft zu blicken, wie es die Menschen in der Antike getan hatten. Die einzige Möglichkeit, die Zukunft vorherzusehen, sei es, von Ähnlichem auf Ähnliches zu schließen.

Viele Visionen entstehen, Hennings' Meinung nach, «aus der Veranlassung äusserlicher sinnlicher Eindrücke, die von Gegenständen in der Dunkelheit der Nacht, und wo man die Dinge nicht gehörig unterscheiden kann, erreget werden». Dennoch dürfe man die Menschen, die glauben, Visionen zu haben, nicht für Betrüger halten, da ihre Phantasie so stark sei, daß sie die Visionen tatsächlich für die Realität hielten.

Doch trotz all dieser Einschränkungen lenkt Hennings am Ende ein: «Aussernatürliche und übernatürliche Gesichte» lägen dennoch im Bereich des Möglichen, da sie durch Gott bzw. einen «Mittelgeist» bewirkt werden könnten. Denn Gott könne zum einen Lichtstrahlen lenken und zum anderen «Gesichtsnerven, Fibern und Nervengeist» hervorbringen, so daß ein Mensch – durch die Einwirkung Gottes – tatsächlich «lebhafte Visionen» haben könne.

Ein solches Zugeständnis fehlt in der Schrift ‹Geheimnisse aus der Geisterwelt, Magie und Alchymie› von 1795. Man geht ausschließlich davon aus, daß Visionen «der Identität unserer Denkkraft» zuwider seien und allein durch vorangegangene Anzeichen oder Melancholie und Einbildung zustande kämen. Man müsse deshalb bei jeder Vision prüfen, ob die betreffende Person aufgrund vorhergegangener oder gegenwärtiger Umstände Unglück vermuten konnte, in welchem Seelenzustand sie sich befand, ob Melancholie, Einbildung oder Hypochondrie dazu beitrugen, ob «unbestimmte Ahndungen» erst nach Eintreten des Unglücks bestimmt wurden oder ob «der Zufall Einfluß hatte». Insgesamt seien Visionen «wegen der Neigung der Menschen zum Aberglauben höchstschädlich» und müßten der Vernunft wegen abgelehnt werden.

Im 19. Jahrhundert ist man vielfach der Meinung, Erscheinungen seien höchstens bei solchen Menschen möglich, deren Vernunft durch ein unbestimmbares Gefühl geleitet werden könne, dessen Herkunft und Wirkung jedoch noch im dunkeln liege.

Visionen, die allein durch die Einbildungskraft geschehen, werden als Täuschungen abgelehnt.

Die katholische Kirche dagegen begreift Visionen als göttliches Wunder, das unter bestimmten Umständen geglaubt werden sollte. Sie unterscheidet drei Arten von Visionen, nämlich *visio realis* (körperliche oder sinnliche Wahrnehmung), *visio imaginativa* (von der Einbildungskraft getragene Vision) und *visio intellectualis* (geistige Vision) als höchste visionäre Form, bei der der Visionär eine mystische Vereinigung mit Gott erlebt.

Gegenstand der meisten Erscheinungen ist ab dem 19. Jahrhundert Maria. Während Marienerscheinungen in den ersten Jahrhunderten unserer Zeitrechnung bis ins Mittelalter nur sehr selten vorkamen, nahm ihre Anzahl sowie die Zahl der weiblichen Visionäre im 19. Jahrhundert enorm zu. 1858 fand eine der berühmtesten Marienerscheinungen statt, und zwar in Lourdes. Die junge Schafhirtin Bernadette Soubirous sah in einer Grotte eine Gestalt, die sich «Unbefleckte Empfängnis» nannte, sie zu einer Heilquelle führte und ihr den Bau einer Kapelle befahl.

In der zweiten Hälfte des 19. Jahrhunderts wurden mehrere hundert Marienerscheinungen in Frankreich, Spanien, Irland, Italien und anderen Ländern vermerkt. Die Erscheinungen verliefen meist in verschiedenen Phasen: Die erste Phase betraf das lokale Ereignis, also die von der Visionärin erzählte Geschichte und die Reaktion ihrer unmittelbaren Umgebung. Viele Fälle endeten bereits an dieser Stelle. Einige machten jedoch eine weitere Phase durch: Wallfahrer und Neugierige kamen in großer Anzahl, die kommerzielle Ausbeutung begann. Manche Erscheinungen wurden schnell als Betrug entlarvt, für zu unwahrscheinlich empfunden oder verliefen einfach im Sande. Der Großteil der Erscheinungen wurde von der Kirche abgelehnt, einige wurden nach gründlichen Untersuchungen jedoch akzeptiert.

Die Visionärinnen weisen oft Parallelen in bezug auf Charakter und Lebensverhältnisse auf. Sie stammen meist aus unteren Bevölkerungsschichten, sind arm, leben in zerrütteten Familienverhältnissen und gelten oft als Außenseiter. Die Visionen erscheinen vor diesem Hintergrund als emotionale Wohltat, die den Betroffenen eine Möglichkeit gibt, sich mit ihrem Leben besser zu arrangieren.

Die Seherinnen erleben meist nicht nur Visionen, sondern hören Maria gelegentlich auch zu ihnen sprechen. Die Botschaften Marias haben häufig einen pessimistischen Akzent. Als Mittel der Abwendung kommenden Unheils empfiehlt Maria Gebete und Gehorsam gegenüber dem Willen Gottes.

Die erste Reaktion der Umwelt auf die Erscheinungen waren häufig Skepsis und Angst vor einem Skandal. Gerade die lokal verantwortlichen Priester zeigten zunächst großes Mißtrauen. Oft führte die Aussicht auf materiellen Gewinn sowie Ansehen und Ehre dazu, daß einige Menschen die Erscheinungen dennoch unterstützten. Auch politische Wirren, Kriege und Epidemien trugen zu dem großen Zuspruch einiger Marienerscheinungen bei. Das Erscheinen Marias gab den Menschen in schweren Zeiten Hoffnung und Zuversicht.

Von seiten der Kirche werden sämtliche Marienerscheinungen einer eingehenden Überprüfung unterzogen. Zunächst wird eine Untersuchungskommission beauftragt zu überprüfen, ob Betrug, Eitelkeit, Autosuggestion, Halluzination und Einfluß des Teufels ausgeschlossen werden können. Die Vision kann nur als übernatürlich empfohlen werden, wenn die Erscheinungen mit der Lehre der Kirche übereinstimmen, die Glaubwürdigkeit der SeherInnen bewiesen ist und Wunder (zum Beispiel → Wunderheilungen, → Wunderbrunnen oder → Himmelszeichen) eindeutig bezeugt sind. Die erste Instanz, die untersucht, ob all diese Faktoren gegeben sind, ist der zuständige Ortsbischof.

Zu den bekanntesten Marienerscheinungen des 20. Jahrhunderts zählt jene von Fatima (Portugal, 1917), die von der katholischen Kirche als echt eingestuft wurde. Von der Kirche nicht anerkannt wurden unter anderem die Erscheinungen in Marienfried (1946), Heroldsbach (1949–1952) und Medjugorje (Herzegowina, 1981). Die Kirche wollte in diesen wie in vielen anderen Fällen vermeiden, daß Halluzinationen und Phantasieprodukte einen Zuspruch erhalten, den sie nicht verdienen. Mit ihrer Warnung vor Besuchen an diesen Orten hatte die Kirche jedoch nur begrenzten Erfolg.

Heftige Diskussionen löste eine erst in jüngster Vergangenheit angeblich stattgefundene Marienerscheinung aus, nämlich die von Marpingen. Nachdem sich Maria dort bereits in den Jahren 1876 und 1934 gezeigt haben soll, sei sie 1999 drei jungen Frauen erschienen und habe diesen angekündigt, sie werde dreizehnmal kommen und zu den Menschen sprechen. Seitdem sei sie zehnmal erschienen, und Tausende von Menschen pilgerten nach Marpingen. Wie schon bei früheren Erscheinungen ruft Maria auch jetzt zu Umkehr, Buße, Beten und Fasten auf. Die Kirche hat ihr Urteil zu diesen Erscheinungen noch nicht gesprochen.

Worum es sich bei diesen Erscheinungen und Visionen wirklich handelt, ist bis heute stark umstritten. Die katholische Kirche betrachtet Erscheinungen als Privatoffenbarungen, die – wenn oben genannte Faktoren zutreffen – geglaubt werden können. Von den Kritikern werden als mögliche Erklärungsmuster krankhafte Halluzinationen, archetypische Urbilder (nach C. G. Jung), Wahnideen oder Autosuggestion genannt. Die Diskussion bewegt sich dabei vor allem um die Frage, ob es sich lediglich um Einbildungen handelt, also Vorgänge, die sich nur in der Psyche eines einzelnen Menschen abspielen, oder aber ob es tatsächlich eine Wirklichkeit jenseits der Alltagswirklichkeit gibt, mit der das menschliche Bewußtsein in Verbindung treten kann.

Lit.: David Blackbourn: Wenn ihr sie wieder seht, fragt wer sie sei. Marienerscheinungen in Marpingen – Aufstieg und Niedergang des deutschen Lourdes, Reinbek bei Hamburg 1997; Dictionnaire de spiritualité ascetique et mystique, doctrine et histoire, fondé par M. Viller, Bd. 1, Paris 1937, S. 230–232 (Apparitions, visions, visionnaires); Josef Hanauer: Wunder oder Wundersucht? Erscheinungen, Visionen, Prophezeiungen, Besessenheit, Aachen 1991; Josef Hanauer: «Muttergottes-Erscheinungen»: Tatsachen oder Täuschungen? Aachen 1996; Gottfried Hierzenberger und Otto Nedomansky: Erscheinungen und Botschaften der Gottesmutter Maria. Vollständige Dokumentation durch zwei Jahrtausende, Augsburg 1997; Irmtraud Götz von Olenhusen (Hg.): Wunderbare Erscheinungen. Frauen und katholische Frömmigkeit im 19. und 20. Jahrhundert, Paderborn 1995; Gerd Schallenberg: Visionäre Erlebnisse. Erscheinungen im 20. Jahrhundert, eine psychopathologische Untersuchung, Aschaffenburg 1978; Leo Scheffczyk: Die theologischen Grundlagen von Erscheinungen und Prophezeiungen, Leutesdorf am Rhein 1982; Anton Ziegenau (Hg.): Marienerscheinungen. Ihre Echtheit und Bedeutung im Leben der Kirche, Regensburg 1995; www.marienerscheinung.de.

Fastenwunder

Das Phänomen der Nahrungsverweigerung läßt sich weit zurückverfolgen. Schon in vorchristlichen Kulturen bildeten mehrmals im Jahr abgehaltene Fastenrituale einen festen Bestandteil des kultischen Lebens. Im Mittelalter hat sich das Fasten dann zu einer spezifisch christlichen Ausformung religiösen Handelns weiterentwickelt, nämlich zu gezielt eingesetzter Buße und Askese, mit denen eine «Vervollkommung des Geistigen» erreicht werden sollte. Viele Heilige, die den Christen als Vorbild dienten – wie zum Beispiel Katharina von Siena oder Nikolaus von der Flüe –, unterbrachen ihr strenges Fasten nur für den Empfang der heiligen Hostie. Diese fastenden Heiligen galten wohl als Vorbild für die «Wundermädchen» des 16. und 17. Jahrhunderts. Wie bei den Heiligen wurde auch ihr Fasten zunächst als von Gott gewirktes Wunder, als Zeichen für die Nähe Gottes zu diesen Personen aufgefaßt.

Das erste «Wundermädchen», von dem mehrere Flugblätter und Flugschriften im Jahr 1542 berichten, ist die zwölfeinhalbjährige Margaretha Weiß. Es habe begonnen, als Margaretha «schier zehen Jar alt was» und «mit einem haupt und bauchwee uberfallen» wurde. Sie hatte zwar keine allzu großen Schmerzen, doch hat ihr «von derselbigen zeyt an die speyß je lenger und vester anfahen widerstehn, und der stulgang von tag zu tag abnemen». Die Untersuchung der Ärzte ergab nur einen «anmut [= Unmut] zu essen oder trincken», ansonsten lebt sie «frisch, wechßt, und die natürlich wörme wirt an dem gantzen leib befunden». Die

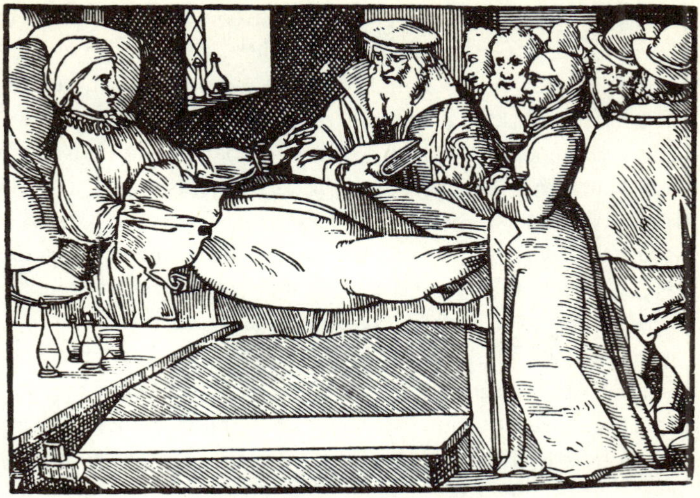

Flugblatt von 1585 über das Fastenmädchen Katharina von Schmidtweiler, das angeblich sieben Jahre ohne Nahrung auskam

Ärzte erklärten das Fasten als Zeichen einer ungewöhnlichen Krankheit, die noch nicht erforscht, deren Kennzeichen jedoch die Appetitlosigkeit sei.

Trotz dieser medizinischen Erklärung wird auch das Fasten der Barbara Kremer aus Unna in den Jahren 1573 und 1574 als ein «ein gross Gottes wunder» ausgegeben. Der Beleg dafür wird in einer Bibelstelle gesucht: «der Mensch lebet nicht von Brodt alleine». Das Mädchen, das schon anfangs als «allezeit from und Gottfürchtig» und «mit reichem verstande begabet» vorgestellt wird, scheint also eine besonders innige Beziehung zu Gott zu haben und deshalb von diesem am Leben erhalten zu werden.

Daß mit Fastenwundern auch Betrug getrieben wurde, belegt ein Bericht aus dem 16. Jahrhundert. In seiner ‹Geschichte der Stadt Augsburg› berichtet C. J. Wagenseil von einer «religiösen Betrügerin zu Augsburg, Namens Anna Laminit, der es gelang, sich in einen grossen Ruf besonderer Heiligkeit zu setzen, indem sie vorgab, sie habe bereits sechzehn Jahre, ohne die mindesten Nahrungsmittel zu sich zu nehmen, gelebt. Alle Woche einmal gieng sie zur Kommunion und behauptete, man müsse ihr allzeit eine kleinere Hostie, als andern reichen, weil sie eine grössere nicht ertragen könnte, sondern von sich geben müßte.» Als Herzogin Kunigunde von Bayern das Mädchen jedoch zu sich nach München zur Beobachtung holte, mußte sie feststellen, «daß die Betrügerin zwey Säcke voll Küchlein, gebackenes von Eyern, Obst tc. bey sich hatte und weil sie sich unbeobachtet glaubte, von diesem Vorrath nach Herzenslust speißte».

Derartige Betrügereien gaben Anlaß, sich genauer mit dem Phänomen zu befassen. Der erste, der Zweifel an den Fastenwundern äußerte, war Johann Wier in seinem Traktat ‹Über das vermeintliche Fasten› von 1577. Er stritt die Legenden langfristig fastender Eremiten und Heiliger nicht ab, aber er war argwöhnisch, wenn derartige übernatürliche Phänomene normale Menschen überkamen. Fastenwunder seien zwar nicht ausgeschlossen, man sollte jedoch zunächst nach natürlichen Erklärungen suchen.

Die Ärzte des 17. und 18. Jahrhunderts begannen damit, die angeblichen Nahrungswunder unter die Lupe zu nehmen, und nannten sie *Anorexia mirabilis*. Auch wenn diese Bezeichnung immer noch darauf hinweist, daß das Fasten als Wunder angesehen wurde, so wurde doch das eigentliche Symptom – nämlich die Appetitlosigkeit – wissenschaftlich erfaßt und ein Terminus dafür geschaffen. Da hinter dem Fasten im Mittelalter immer ein religiöses Ideal stand, darf die *Anorexia mirabilis* nicht mit der späteren Nahrungsverweigerung der Fastenmädchen gleichgesetzt werden, auch wenn die Symptome ähnlich waren. Diese neue Ausprägung des Fastens, die keine religiösen Ziele mehr verfolgte, nannte man *Anorexia nervosa*.

Wirklich als Krankheit betrachtet und mit dem Fachterminus bezeichnet wurde das Fasten jedoch erst im 19. Jahrhundert. So erklärt beispielsweise W. Gull in der Zeitschrift ‹Medical Times and gazette› von 1873 den Rückgang von Körpertemperatur und Pulsschlag sowie die Veränderung des Gesichts als Kennzeichen der Krankheit, wohingegen der Intellekt davon unbeeinträchtigt sei. Er empfiehlt, der Patientin langsam in kurzen Zeitabständen kleine Nahrungsmengen zu verabreichen.

In der heutigen Medizin definiert man *Anorexia nervosa* als eine psychogene Eßstörung mit psychosomatischen Folgeerscheinungen, die vorwiegend bei Mädchen und jungen Frauen auftritt. Als das wichtigste Merkmal der Krankheit gilt der Gewichtsverlust betroffener Mädchen und Frauen, den sie durch ungewöhnliches Eß- und Gewichtsregulationsverhalten, durch Verweigerung der Nahrungsaufnahme, selbstinduziertes Erbrechen oder Mißbrauch von Abführmitteln selbst herbeiführen. Wie der Name schon sagt, gilt die Krankheit als nervöse Störung und wurde von Sigmund Freud 1918 den Neurosen zugeordnet.

Die Berichte über die «Wundermädchen» des 16. Jahrhunderts können als frühe Belege dieser Krankheit betrachtet werden. Dennoch muß man dabei bedenken, daß die Ursache für das Fasten in der Frühen Neuzeit eine gänzlich andere war als bei heutigen magersüchtigen Mädchen. Während Eßstörungen heute vorwiegend auf das in unserer Zeit gängige Schönheitsideal, das den Jugendlichen vor allem durch die Medien nahegebracht wird, zurückzuführen sind, war es bei den «Fastenmädchen» des 16. und 17. Jahrhunderts primär die ihnen zuteil werdende Verehrung, die sie zum Nichtessen veranlaßte. Denn das Fasten bedeutete zu dieser Zeit vollkommene Reinheit, weshalb die Fastende als Heilige verehrt wurde und Wallfahrten zu ihr veranstaltet wurden. Dies wiederum erbrachte gerade ärmeren Frauen ungeahnte ‹Karrieremöglichkeiten› sowohl in sozialer wie auch in finanzieller Hinsicht.

Daß diese Form der Nahrungsverweigerung aus religiösem und sozialem Hintergrund auch in unserer Zeit noch anzutreffen ist, belegt das Beispiel der Therese Neumann von Konnersreuth, die 1962 verstorben ist und neben ihrer →Stigmatisation auch wegen ihrer Nahrungsverweigerung Aufsehen erregte. Sie soll täglich ein Achtel einer Hostie und ca. 3 ccm Wasser zu sich genommen haben, aber dennoch ihr Gewicht gehalten bzw. sogar zu bestimmten Zeiten zugenommen haben. Auch dieser Fall wurde, wie sich denken läßt, von Ärzten kritisch beobachtet, so zum Beispiel von Dr. Gottfried Ewald, Professor für Psychiatrie in Erlangen. Ewald kommt zu dem Schluß, daß sich vor allem die «pfundweise Gewichtszunahme aus Nichts ... einfach nicht erklären» lasse und deshalb «hier irgend etwas nicht stimmt». Er bezeichnet «die Anerkennung der vorgeblichen Stoffwechselverhältnisse als nicht auf wissenschaftlich einwandfreier Basis gewonnen und nicht hinreichend erklärt» und fordert deshalb eine Untersuchung in einer neutralen Klinik. Und auch noch Jahre später sprechen die Ärzte davon, daß eine Täuschung vorliege. Doch trotz aller Einwände von seiten der Mediziner wurde und wird Therese Neumann wie die frühneuzeitlichen «Fastenmädchen» als Heilige verehrt und Konnersreuth von zahlreichen Pilgern besucht.

Lit.: Joan Jacobs Brumberg: Todeshunger. Die Geschichte der Anorexia nervosa vom Mittelalter bis heute, Frankfurt am Main/New York 1994; W. Gull: Anorexia Nervosa, in: Medical Times and gazette II, London 1873, S. 534–536; Ulrike Karren: Die Psychologie der Magersucht. Erklärung und Behandlung von Anorexia nervosa, Bern/Stuttgart/Toronto 1986; Waltraud Pulz: «Von dem Meydlin welchs on essen und trincken lebt»: (Vorgebliche) Nahrungsenthaltung auf illustrierten Flugblättern des 16. Jahrhunderts, in: Simonetta Cavaciocchi (Hg.): Alimentazione e nutrizione, Firenze 1997, S. 759–772; H. Schadewaldt: Medizingeschichtliche Betrachtungen zum Anorexie-Problem, in: J.-E. Meyer und H. Feldmann (Hg.): Anorexia Nervosa. Symposium am 24./25. April 1965 in Göttingen, Stuttgart 1965, S. 1–14; Walter Vandereycken, Ron van Deth und Rolf Meermann: Hungerkünstler, Fastenwunder, Magersucht. Eine Kulturgeschichte der Ess-Störungen, Zülpich 1990.

Geister

Geister sind im Volksglauben überirdische bzw. übernatürliche oder übersinnliche numinose, weder menschliche noch göttliche Wesen, die nicht körperlich-materiell sind, doch Intelligenz und

Willen sowie übernatürliche Fähigkeiten und Kräfte besitzen und zur Kommunikation mit der Menschenwelt verschiedene Gestalt annehmen können. Es gibt mehrere Untergruppen von Geistern wie Gespenster und Poltergeister. Im Gegensatz zu Gespenstern treten Geister meist in ganzen Scharen oder Geisterzügen auf.

Von solchen **Geisterzügen** wird in der Frühen Neuzeit seltener berichtet als von personalen Geistern und Gespenstern. Ein von Johann Anton Ulhart gedrucktes Flugblatt über «Ein gar Grausam und Schröcklich gesicht, das zu Nächtlicher weil, inn der Kron Behem Haubtstat Prag, gesehen ist worden, diß M. D. LXXj. Jar» berichtet von einem Geisterzug, der am 29. Juli 1571 in der Prager Neustadt beobachtet worden war. Dieser Zug kündigte sich zunächst auditiv durch «ain groß brausen, prastlen, schottern und gethümel» an und erregte damit Aufmerksamkeit bei den Anwohnern. Als man ihn dann auch visuell wahrnehmen konnte, erblickte man «ain gar grossen Raysigen zeüg, der von seiner grossen gewaltigen menig, nit zu ubersehen gewesen ist». Dieses «grausam und erschrocklich gesicht» hatte zur Folge, daß etliche der Zuschauer «in tödtlich kranckhait gefallen» waren.

Ein zweites Ereignis, das zu den Geistererscheinungen gerechnet werden kann, fand am 24. Juni 1614 in Plan in Böhmen statt. In einer Kirche seien ein «heller lieblicher schein» zu sehen sowie ein «schöner Gesang» zu hören gewesen. Nach dem Öffnen der Kirche fand man dort «vil Todtencörper» vor, die die Menschen in «Forcht» und «grauß» versetzen. Eine Stimme ließ sich vernehmen, die «mit gar kläglichem Worte» den nahe bevorstehenden «Tag des Herren» ankündigt, an dem die Toten erlöst werden sollen.

Eine Methode, Informationen über das Jenseits oder die Zukunft sowie Antworten auf dringende Fragen zu erhalten, ist die **Geisterbeschwörung**. Trotz der Kritik der Aufklärer an allen Dingen, die mit Magie und Aberglaube zu tun hatten, erfreute sich die Methode der Geisterbeschwörung gerade im 18. und 19. Jahrhundert im Zuge des Spiritismus großer Beliebtheit.

1571 wurde in Prag ein Geisterzug beobachtet

Aus einer Flugschrift von 1738 erfahren wir von einem Kapuzinermönch, der «alle diese Spectra, die zu Katzenstein allschon zu dem Heydnischen Zeiten gewesen seyn sollen, an das Nebenhäußlein bey der Brücke vorm Thore, draussen zu hohen Baldern, allwo dieser Pater logiret hat, zusammen beruffen und besprochen». Er soll die Geister dabei «so weit getrieben haben, ihm alles zu eröffnen, was er von ihnen begehret». Auf diese Weise kam der Pater zu einem Schatz von Silber und Gold, den ihm die Geister gezeigt hätten. Der Schatz kann zugleich als materieller Beleg dafür betrachtet werden, daß der Pater die Wahrheit spricht, es wirklich Geister gibt und er die Fähigkeit hat, diese zu beschwören.

Auch die Geister, die 1737 im Oettingischen Schloß Katzenstein beschworen worden waren, haben Schätze gehoben. Die Schatztruhen konnten jedoch nicht geöffnet werden, weil es die Geister noch nicht erlaubt hatten. Als man dennoch eine öffnete, seien lauter Fliegen herausgeflogen und die Truhe sei in einem Berg, der sich bei Regen oben etwas geöffnet habe, wieder verschwunden.

Bei diesen frühen Geisterbeschwörungen ging es also noch nicht um Auskünfte aus dem Jenseits oder Prophezeiungen für die Zukunft, sondern um materielle Dinge, um Schätze. Allerdings hatte man die Beschwörung und deren Wirkung nicht immer unter Kontrolle, es gab noch keine bestimmten Methoden, mit denen sie funktionierten.

Bei den Geisterbeschwörungen seit der zweiten Hälfte des 18. Jahrhunderts geht es nicht mehr um materielle Dinge, sondern um Informationen über das persönliche Schicksal. Die Spiritisten gehen davon aus, daß die Menschenseele unsterblich ist und auch noch nach dem Tod des Körpers mit lebenden Menschen in Verbindung treten kann. Sie benötigt dazu ein Medium, also einen Menschen, der dazu prädestiniert ist, als Mittler zwischen dem Geist und den Lebenden aufzutreten.

Mit Hilfe des Mediums kann man mit dem Geist kommunizieren und ihm Fragen stellen. Der Geist selbst bleibt entweder unsichtbar oder materialisiert sich vor den anwesenden Personen. Meist handelt es sich um einen Verwandten oder Bekannten, gelegentlich ist der Geist jedoch unbekannt, und man erfährt seinen Namen nur durch das Medium.

Mit Geisterbeschwörungen wurde viel Betrug betrieben. Bereits 1795 warnt der Autor der Schrift ‹Geheimnisse der Geisterwelt, Magie und Alchymie› davor, daß man bei den «Geistercitationen ... durchgehens die Spuren des Betrügers» finde. «Müßiggang und Liebe zur Bequemlichkeit» betrachtet er als Ursachen dafür. Als Begründung, warum echte Geisterbeschwörungen nicht möglich seien, gibt er an: «Gott hat dem Menschen keine Macht über die Geister Verstorbener oder Lebender verliehen: denn so würde nichts mehr Geheimniß sein.»

Im ‹Buch vom Aberglauben, Mißbrauch und falschen Wahn› von 1790 heißt es, es habe von jeher Leute gegeben, die vorgaben, «durch allerhand Cirkeln, künstliche und eingeweihte Lichter, Beschwörungen, Zaubergesänge und Töne, die Seelen der Verstorbenen herbeizufordern». Doch lehre die Heilige Schrift, daß die Seelen Verstorbener niemals zurückkehren. Und auch der Teufel oder ein böser Geist könnte nicht die Gestalt Verstorbener annehmen. Vielmehr handele es sich um Betrüger, die «durch

Anwendung natürlicher Mittel, Gestalten hervorbringen, wodurch die in Erstaunen gesetzt werden, welche jene Mittel nicht kennen».

Tatsächlich wurden die angeblichen Materialisationen der Geister oft mit Hilfe technischer Mittel wie Laterna-Magica-Projektionen vorgetäuscht, es wurden gefälschte Fotografien oder Briefe der Geister erstellt. Gerade im 19. Jahrhundert nutzte man diese Methoden auf Jahrmärkten und öffentlichen Veranstaltungen als gewinnbringende Taschenspielertricks.

Eine Gruppe von Geistern, die nicht beschwört zu werden brauchen, sondern zum Leidwesen der Menschen von selbst auftreten, sind die **Poltergeister.** Sie treten im Gegensatz zu den meisten anderen Geistererscheinungen häufig am Tag auf und sind an keinen bestimmten Ort gebunden. Poltergeister machen sich durch geheimnisvolle Geräusche, lautes Krachen, unangenehme Gerüche, sich selbständig bewegende oder plötzlich auftauchende Gegenstände bemerkbar.

Erste Geschichten über Poltergeister tauchten im Mittelalter auf. Man hielt die Geister für Personifikationen des Bösen, für Helfer des Teufels oder Dämonen, die die Lebenden heimsuchen. Erst Ende des 16. Jahrhunderts begann man die Erscheinungen genauer zu untersuchen. Martin del Rio widmete sich 1599 als erster der Katalogisierung von Poltergeistgeschichten und unterschied 18 verschiedene Arten dieser dämonischen Wesen.

Aus dem 17. Jahrhundert sind detaillierte Berichte über Poltergeister überliefert. So wird aus dem Jahr 1666 berichtet, daß ein Poltergeist in der Stadt Aub sein Unwesen getrieben habe. Nachdem man zunächst «zu heyligen Zeiten ein tumult» gehört habe, habe sich dieser um Weihnachten verstärkt, so daß man 15 Tage lang unaufhörlich «ein grausames und Erschröckliches werffen, als wann es grosse Steine wären, auch an den Thüren ein Klopfen und Poltern» vernehmen konnte. Die Bewohner versuchten den Geist durch Besprengen des Hauses mit Weihwasser zu vertreiben, was jedoch mißglückte. Sodann wandten sie Beschwörungspraktiken an und ließen Messen lesen. Als jedoch auch diese Mittel keinen Erfolg zeigten, hatten die Geistlichen die Idee, den Armen Almosen zu verschenken, und zwar «an selbigem Ort, wo der Geist sich sehen laṣsen». Und tatsächlich: «Seithero, Gott sey Lob und Danck gesagt, hat man weiter nichts gehört, noch gesehen.»

1685 ließ sich in der Stadt Gosseck ein Poltergeist vernehmen. Es begann damit, daß man «ein starck Getümmel und Gerumpel» vernommen habe, «als wenn man mit Chesen und Carossen, und zwar einen ungewöhnlichen Weg, nehmlich auf den Steinbruch zu, mit vollen Galoupp fahre». Darauf habe der Geist sich auf dem Hof des betroffenen Bauern etliche Male mit großem Gepolter hören lassen sowie den Bauern und andere Familienangehörige, vor allem seine Schwester Justina, «im Bette sehr geplaget, sie bey den Haaren gereufft, und auf andere weise vexirt». Schließlich habe er Justina so stark gewürgt, daß man sie schon für tot gehalten habe. Daraufhin habe man den Pfarrer gebeten, mit ihr zu singen und zu beten, um so den Geist zu verjagen.

Ein weiterer Poltergeist sorgte 1691 in St. Annaberg für Unruhe. Dieser habe sich «durch Poltern, Werfen mit Steinen, Feueranlegen, Plätzschern in den Wassertrögen» bemerkbar gemacht. Auch in diesem Fall hielt man Betstunden ab, um den Geist zu vertreiben. Im Gegensatz zu anderen Poltergeistern ließ sich dieser sehen, und zwar in unterschiedlichen Gestalten, «bald in der Gestalt eines alten Weibes, und bald eines zottichen Hundes».

Bei **Gespenstern** handelt es sich um eine personale Form von Geistern, nämlich um rückkehrende Tote, die ein bestimmtes Anliegen in die diesseitige Welt zurücktreibt. Hierfür kommen verschiedene Ursachen in Frage: die Art des Todes, die Art der Bestattung, ungesühnte Schuld oder eine zu verrichtende Bußpredigt.

Eine der Todesarten, die eine Wiederkehr begründen, ist der Mord. Um einen solchen handelt es sich bei dem ‹Budißinischen Gespenst› von 1684. Das Gespenst gibt sich selbst als die ermordete Sabina Ruprechtin zu erkennen, deren Leichnam «im Keller verscharret worden» sei. Deshalb fordert sie von der «Heilpflugin», der sie erscheint: «Sie solte sie daselbst ausgraben und in einen Sarg (ihr auch einen Leichen-Stein, mit einer Uberschrift, darinnen dem Mörder zu gedencken, von dem Gelde, so in einem Kästlein dabey, nebst dem Schwerte, womit der Mord geschehen, finden würde) legen lassen: Dann ihr Leib von bösen Geistern besessen, nicht eher befreyet werden könte, bis sie in einen Sarg geleget und mit einem Steine bedecket würde.» Grund ihres Erscheinens sind also ihr gewaltsamer Tod und damit einhergehend die ihr versagte Bestattung.

Eine nicht richtig bestattete Tote und zugleich wohl das berühmteste Gespenst des späten 17. Jahrhunderts, über das etliche Flugschriften erschienen sind, ist die Figur des ‹Gehofischen Gespensts› von 1684. Dieses erscheint in Gestalt einer «schönen weissen Nonne mit einem rothen Creutz auf der Stirne» der «Christl. Gottsfürchtigen und mit allen Tugenden begabten Adelichen Frau von Eberstein» und befiehlt ihr, einen Schatz auszugraben und ihr davon einen «Leichen-Stein» setzen zu lassen.

Aufgrund ungesühnter Schuld kehrt das Gespenst Hans Clement aus Preßburg im Jahre 1642 in die Welt der Lebenden zurück und erscheint «einer ehrlichen Junckfrawen, mit Namen Regina Fischerin», von der betont wird, daß sie katholisch erzogen worden sei. Diese redet Hans Clement folgendermaßen an: «Mein Kind, spricht er, ich bitt dich umb Gottes willen, gehe zu meinem Weib, und sag ihr, daß sie dir sollte 200 fl. geben, dieweil dasselbige Gelt ein Blutgelt ist.» Mit diesem Geld soll seine Schuld getilgt werden, indem ein Vesperbild für die Pfarrkirche angeschafft, Messen lesen gelassen, Kerzen geopfert und den Armen Almosen gegeben werden. Er bittet sie, ihm so aus dem Fegefeuer zu helfen, und droht ihr an, sie so lange zu verfolgen, bis sie seine Forderungen erfüllt habe. Er habe nämlich einen Mann ermordet und konnte die Buße dafür im Leben nicht einlösen, so daß er so lange im Fegefeuer leiden müsse, bis sie die Schuld für ihn tilge. Als Regina schließlich seine Forderungen erfüllt hat, verschwindet er. Das Gespenst wird also nach der katholischen Lehre als «Arme Seele» interpretiert, die Sühne für ihre im Leben begangene Schuld sucht, um aus dem Fegefeuer erlöst zu werden.

Das Motiv der Bußpredigt tritt in einer Gespenstergeschichte von 1644 auf. Sie handelt von einem Förster, der einem Mädchen in Gestalt eines kopflosen Reiters erschienen ist. Dieser hält eine Rede über die Sünden der Menschen und die notwendige Buße, die sie allein vor dem Zorn Gottes bewahren könne. Ähnlich wie die → Engel befiehlt das Gespenst dem Mädchen, seine Prophezeiungen weiterzuverbreiten und alle Menschen zur Umkehr aufzurufen.

Worum handelt es sich nun bei diesen seltsamen Geisterwesen? Schon früh versuchte man das Phänomen zu ergründen. Noch im 16. Jahrhundert verfaßte Johannes Bodin seine Schrift ‹*De magorum daemonomania*›. Er unterscheidet darin zwischen guten und bösen Geistern, wobei er die guten als «Engel» bezeichnet, wohingegen die bösen ein Werk des Teufels seien, der «sich ernstlich bemühet, die werck Gottes nachzuäffen» und gute Leute «durch Abgötterei und unter dem schein der Religion [zu] verführen».

Von der Existenz guter und böser Geister geht auch Peter Goldschmid in seinem ‹Höllischen Morpheus› von 1698 aus. Neu ist an seiner Abhandlung, daß er die Existenz der Geister nicht mehr als gegeben hinnimmt, sondern zum ersten Mal versucht, einen Beweis dafür zu finden. Er bemüht sich darum, «die Geister aus den Erscheinungen der Gespenster» als einer Untergattung der Geister zu beweisen. Ein Gespenst ist für ihn eine Erscheinung, die «gar kein Wesen in der Natur hat, und nichts anders ist, als eine blosse Imagination und Einbildung». Obwohl man aufgrund der Vernunft davon ausgehen müßte, daß es keine Gespenster gebe, «so beweiset doch vielmehr das Buch heiliger Wahrheit das Gegentheil, und straffet das menschliche thörichtes Ersinnen, lauter Lügen. Das Göttliche Wort bekräfftiget daß Gespenster seyn.» Demnach müsse es auch Geister geben, die den Menschen erscheinen, «daß der Mensch aus denselben erkennen lerne, was ihm nützlich ist», und darin Gott erblickt.

Johann Beaumont geht in seinem ‹Historisch-Physiologisch- und Theologischen Tractat von Geistern, Erscheinungen, Hexereyen und andern Zauber-Händeln› von 1721 davon aus, daß nur manche Menschen ein «doppeltes Gesicht», also die Gabe besitzen, Geister zu sehen. Er entlarvt Geistererscheinungen also als subjektive Wahrnehmungen. Allerdings besteht er weiterhin darauf, daß sie von Gott geschickt werden und wirklich erscheinen.

Ein wichtiger Schritt zur Erforschung des Wesens der Geister gelang dem Philosophen Christian Wolff, der sich in einer Abhandlung von 1727 mit dem ‹Wesen der Seele und eines Geistes überhaupt› beschäftigt. Interessant ist vor allem seine Definition eines Geistes: «Wir nennen insgemein einen Geist ein Wesen das Verstand und einen freyen Willen hat.» Demnach sei die Seele des Menschen ein Geist, die der Tiere jedoch nicht. Der höchste Geist sei Gott selbst, da dieser «den allervollkommensten Grad der möglich ist» verkörpere. Das entscheidende Merkmal, das seiner Meinung nach jeder Geist besitzt, ist Vernunft. Mit dieser Auffassung bewegt sich Wolff somit weg von der bisher gültigen Ansicht, Geister seien von Gott geschickte Wesen, hin zu der aufklärerischen Hochschätzung der Vernunft und der Einreihung Gottes in die Gruppe der Geister, die lediglich einen unterschiedlichen Grad an Vollkommenheit ihrer Vernunft aufzuweisen haben.

Andreas U. Mayer schreibt in seiner ‹Abhandlung des Daseyns der Gespenster› von 1768: «Ich läugne zwar, daß es Gespenster gebe; ich verneine aber nicht, daß Geister erschienen sind.» Denn Geistererscheinungen seien «durch ein Wunderwerck» mit Hilfe «der Allkraft Gottes» möglich. Ein Gespenst ist für ihn das, «was die Menschen mit Angst und Entsetzen empfinden, ohne davon die nahe wirkende Ursache zu erkennen». Dabei handele es sich um einen «Irrthum», der durch die Aufklärung beiseite geschafft werden konnte, wobei aber einige «Schlacken» noch übriggeblieben seien.

Auf den zentralen Einwand, daß es sich bei den Geistererscheinungen um Täuschungen der Einbildungskraft handeln könnte, geht Johann Heinrich Junge (genannt Stilling) in seiner ‹Theorie der Geister-Kunde› von 1808 ein. Ihm ist die «unter aufgeklärten Leuten herrschende Vorstellung, daß alle diese Wesen, zu allen Zeiten, und unter allen Nationen, Traum, Täuschung der Phantasie, und Dichtung gewesen» seien, bekannt. Doch er setzt es sich zum Ziel, ihnen zu beweisen, «daß es unter tausenderley Träumen, Täuschungen, Dichtungen, und Phantastereyen doch noch immer einige wahre und unläugbare Ahnungen, Gesichte, und Geister-Erscheinungen gebe».

Im 19. Jahrhundert gehen die meisten davon aus, daß Geister nur durch die menschliche Einbildungskraft entstehen. So lautet die zentrale These eines Aufsatzes ‹Vom Geister- und Gespensterglauben in Deutschland› von 1839: «Alles Geister-, Zauber- und Hexenwesen aller Zeiten beruht auf der natürlichen Anlage der Seele, in die bisher geschilderten Zustände [Visionen, Halluzination usw.] versetzt zu werden, und auf den künstlichen Mitteln, dieselben hervorzurufen oder zu steigern.» Doch habe man in Deutschland «trotz aller Aufklärung und alles Vernunftglaubens» den Geisterglauben nicht vollständig ausrotten können. Während sich andere Länder mehr dem Materiellen zugeneigt hätten, neige Deutschland «wesentlich zum Spirituellen und Supernaturalistischen».

Heutzutage scheinen viele Menschen davon überzeugt zu sein, daß derartige übersinnliche Phänomene existieren, wie beispielsweise die Serie ‹Signale aus dem Jenseits› belegt, die im Mai 1999 in der ‹Bild-Zeitung› erschien. In diesen Geschichten wird berichtet, daß kurz nach dem Tod eines nahe verwandten Menschen seltsame Dinge geschehen, die als Zeichen des Verstorbenen aufgefaßt werden: Das Licht geht an und aus, die Uhren bleiben stehen, es kommt zu Stromausfällen, oder es läßt sich sogar das Gespenst des Verstorbenen sehen. Zwar wird in diesen Berichten nichts darüber gesagt, ob es sich bei den Vorgängen – im Sinne der Spiritisten – um Erscheinungen unabhängig von den Menschen handelt oder aber um Halluzinationen bzw. sogenannte außersinnliche Wahrnehmungen, wovon die Parapsychologen ausgehen. Jedoch verdeutlicht diese Reihe, daß zum einen zahlreiche Menschen solche Erlebnisse vorgeben und zum anderen in der Bevölkerung Interesse an derartigen Berichten vorhanden ist.

Von großer Resonanz auf diese Themen zeugen auch zahlreiche Kinofilme, wie ‹Ghost› oder ‹Poltergeist›, Mystery-Serien im Fernsehen, Geistergeschichten in der Literatur, etwa von Edgar Allan Poe, sowie viele Seiten im Internet, die sich mit paranormalen Phänomenen beschäftigen. Auf den meisten dieser Websites, wie etwa auf www.paranormal.de, geht man davon aus, es gebe Geister, wie die Ergebnisse der Parapsychologie in den letzten Jahren erwiesen hätten. Gerade durch solche Homepages, die im Internet vielfach anzutreffen sind, werden Kenntnisse über paranormale Phänomene an eine große Anzahl von Menschen weitervermittelt. Sogenannte Geisterforen – etwa unter www.noraja.de – bieten die Möglichkeit, daß sich Menschen, die schon Erfahrungen mit Geistern gemacht haben, über ihre Erlebnisse austauschen können. Immer wieder wird die Frage gestellt: Gibt es Geister oder nicht? Geschichten über sie werden jedenfalls nach wie vor gerne erzählt und finden auch im Internet weite Verbreitung (vgl. www.noraja.de/geister-storys.html).

Auch die Wissenschaft versucht dem Phänomen der Geistererscheinungen auf die Spur zu kommen. Vor allem die 1882 in London gegründete *Society for Psychical Research*, aber auch andere parapsychologische Institutionen wie das Institut für die Grenzgebiete der Wissenschaft in Freiburg beschäftigen sich eingehend mit dem Thema. Poltergeister beispielsweise werden von den Parapsychologen als «wiederkehrende spontane Psychokinese» bezeichnet. Dennoch bewegt man sich hier auf noch weitgehend unbekanntem Gebiet. Die zahlreichen unterschiedlichen Erklärungen bezeugen den Versuch der Menschen in heutiger Zeit, Übersinnliches mit Hilfe neuer, psychologisch argumentierender Theorien zu erklären. Andererseits belegen sie zugleich die Unfähigkeit, mit derartigen übernatürlichen Phänomenen umzugehen.

Lit.: Norbert Borrmann: Lexikon der Monster, Geister und Dämonen. Die Geschöpfe der Nacht aus Mythos, Sage, Literatur und Film, Berlin 2000; Alan Gauld/A. D. Cornell: Poltergeists, London u. a. 1979; Richard Anelia Jaffé: Geistererscheinungen und Vorzeichen. Eine psychologische Deutung, Zürich/Stuttgart 1958; Richard Kaufmann: Das Übersinnliche als Ärgernis. Gedankenübertragung, Poltergeister, fliegende Gegenstände und ähnliches. Berichte und Betrachtungen über parapsychische Phänomene, Köln 1970; Claude Lecouteux: Geschichte der Gespenster und Wiedergänger im Mittelalter, Köln/Wien 1987; Annekatrin Puhle: Ghosts, Apparitions and Poltergeist Incidents in Germany between 1700 and 1900, in: Journal of the Society for Psychical Research, Vol. 63, No. 857, October 1999, S. 292–305; Diethart Sawicki: Leben mit den Toten. Geisterglauben und die Entstehung des Spiritismus in Deutschland 1770–1900, Paderborn u. a. 2002; Jean-Claude Schmitt: Die Wiederkehr der Toten. Geistergeschichten im Mittelalter, Stuttgart 1995; Herbert Thurston: Ghosts and Poltergeists, London 1953; Gero von Wilpert: Die deutsche Gespenstergeschichte. Motiv – Form – Entwicklung, Stuttgart 1994; Gerhard Zwerenz: Magie, Sternenglaube, Spiritismus. Streifzüge durch den Aberglauben, Frankfurt am Main 1974; www.paranormal.de.

Himmelszeichen

Himmelserscheinungen können, wissenschaftlich gesehen, in zwei Gruppen eingeteilt werden, nämlich astronomische und meteorologische. Zu den astronomischen Himmelserscheinungen zählen Kometen, Sternschnuppen und Meteore sowie Sonnen- und Mondfinsternisse, zu den meteorologischen Himmelserscheinungen Haloerscheinungen, Nordlichter und zahlreiche Himmelszeichen, die auf keine der genannten Erscheinungen zurückgeführt werden können.

Zunächst zu den astronomischen Himmelserscheinungen. Wie die Erscheinung des **Kometen** Hale Bopp 1997 zeigte, faszinieren diese Himmelskörper auch heute noch die Menschen. Ihr relativ seltenes Auftreten und ihre spektakuläre Erscheinung machen sie zu astronomischen Ereignissen, für die auch Laien großes Interesse zeigen.

Astronomisch betrachtet, ist ein Komet ein Himmelskörper, der aus Gasen und festen Teilchen besteht und um die Sonne läuft. Er ist aufgebaut aus einem Kern von Eis- und Staubteilchen, einer den Kern umgebenden Gas- und Staubhülle (Koma) und einem Schweif aus Plasma oder Staub, der jedoch nur dann auftritt, wenn sich der Komet im innersten Teil unseres Planetensystems befindet.

Daß es sich um Himmelskörper handelt, konnte zuerst Tycho Brahe 1577 beweisen. Auch wenn bereits Seneca eine solche Vermutung geäußert hatte, ist man seit Aristoteles im allgemeinen davon ausgegangen, daß Kometen atmosphärische oder irdische Ausdünstungen sind. Erste Überlieferungen von Kometenbeobachtungen stammen aus dem Jahr 1095 v. Chr. aus China. Einer der ersten bekannten und auch heute noch beobachtbaren Kometen ist der Halleysche Komet, von dem bereits chinesische Quellen aus dem Jahr 240 v. Chr. berichten. Bildliche Darstellungen aus dem Mittelalter zeigen, daß das Auftreten von Kometen bemerkt wurde und Unruhe oder Aufregung bei den Menschen verursachte.

In der Frühen Neuzeit belegen zahlreiche Flugblätter und Flugschriften das Erscheinen von Kometen und deren Interpretation als unheilvolle Vorzeichen. Einer Beschreibung des äußeren Erscheinungsbilds, bei der meist der Schweif besonders hervorgehoben wird, folgt in den Schriften eine ausführliche, ziemlich stereotype Deutung. So heißt es beispielsweise in einem Flugblatt über einen Kometen, der im November 1577 über Prag gesehen wurde: «Nun schreiben und bezeugen alle Astronomi und Mathematici, wie dan solches die erfahrung von viel Jaren mit sich bringte, das die vorhergehenden Cometen nicht allein zur drauung, verenderung und verderbnis der Lender, Schlösser, Stedt, Merckt, Flecken, Uneinigkeit, Krieg, Pestilenz, Teurung etc. verordnet. Sonder auch etlicher grossen Herren und Potentaten todt, bedeuten und anzeigen.»

Wie schon die antiken Philosophen, insbesondere Aristoteles, festgestellt hatten, handele es sich bei den Kometen um Zorn-

Komet von 1577 über Nürnberg

ruten Gottes, also übernatürliche Erscheinungen, die Gott am Himmel geschehen lasse, um die Menschen zu ermahnen und künftiges Unheil vorherzusagen. Während die Kometen in der Antike neben dieser negativen Bedeutung jedoch auch Positives, nämlich bevorstehende große Ereignisse wie die Geburt oder den Tod einer bedeutenden Persönlichkeit, anzeigen konnten, verband man sie später durchweg mit Unheilsvorstellungen. Man stellte Listen von bereits beobachteten Kometen zusammen, um so die daraus folgende Unheilskette zu belegen.

Selbst im 17. Jahrhundert, als die Kometenforschung aufgrund der Erfindung des Fernrohrs große Fortschritte gemacht hatte, hielt man noch an der Wunderzeichendeutung fest. Über den Kometen, der am 15. Oktober 1653 über Augsburg beobachtet wurde, heißt es zum Beispiel: «Gott hat uns neulich geschicket, einen Bußprediger, den haben wir anblicket, doch deß nit geachtet sehr, den grossen Cometstern hell, ein vorbot grosser Straffe, welche wird kommen schnell.»

Auf der anderen Seite publizierten Naturforscher nun jedoch Abhandlungen, in denen sie die natürlichen Ursachen der Kometen zu erklären versuchten. Man stellte fest, daß Kometen bestimmte Bahnen durchlaufen und in regelmäßigen Abständen wiederkehren. Die Frage, wie Kometen entstehen, wird in dieser Zeit – vor allem anhand der Kometenerscheinungen von 1665 und 1681 – heftig diskutiert. Einige Gelehrte wie Eberhard Weigel sind der Meinung, daß «ein Comet nichts anders sey, als eine von denen aus den Weltcörpern hin und wieder sonderlich aus der Sonnen ausgebrochenen exhalationen zusammen gefahrene Himmelswolcken, welche von der Sonne erleuchtet sich von ferne als ein Stern anzuschauen darstellet». Andere denken, ein Komet entstehe, indem schwefelige Dünste aufgrund der Sonnenbestrahlung von der Erde aufsteigen und entzündet würden. Auch wenn sich die Meinungen schieden, so waren sich die Gelehrten darin einig, daß die übernatürliche Interpretation als Zornrute Gottes überholt sei.

Im 18. Jahrhundert wollte man dem Phänomen durch Berechnungen näherkommen. Die Bahn der Kometen versuchte bereits Sir Isaac Newton Ende des 17. Jahrhunderts zu bestimmen, erst Edmond Halley aber hatte damit Erfolg. 1705 sagte er die Wiederkehr des nach ihm benannten Halleyschen Kometen von 1682 für 1758/59 voraus.

Wie ‹Ein Brief von der Berechnung des im Jahre 1760. erschienenen Kometen› zeigt, tauschten sich die Naturforscher von nun an darüber aus, welche Rechenmethoden die besten seien. Man versuchte, einen neuen Kometen mit älteren Erscheinungen in Verbindung zu bringen und damit die Bahn eines Kometen und dessen regelmäßige Wiederkehr vorauszusagen. Mit diesen Berechnungen war es gelungen, die Kometen in das astronomische Weltbild einzuordnen.

Auch wenn das Phänomen damit geklärt war, hält die Presse es im 19. und 20. Jahrhundert noch für berichtenswert, wenn sich ein Komet am Himmel zeigt. Doch werden diese nun nüchtern mit astronomischen Werten beschrieben. Man weiß, daß sie aus einem Kern, einer Gas- und Staubhülle und einem Schweif bestehen. Die Astronomie unterscheidet zwei Klassen von Kometen: zum einen diejenigen, die nicht aus unserem Sonnensystem stammen und dieses nur einmalig besuchen, und zum anderen jene, die eine elliptische Bahn um die Sonne beschreiben und in regelmäßigen Abständen am Himmel zu sehen sind. Da der Halleysche Komet zur zweiten Klasse gehört, wußte man, daß er im Jahr 1987 aufgrund einer Umlaufzeit von etwa 76 Jahren wieder auftauchen würde. Und auch Hale Bopps Erscheinen im Jahr 1997 war vorausberechnet. Doch aufgrund der Seltenheit eines solchen astronomischen Spektakels betrachtet man es immer noch als Sensation.

Der Name **Sternschnuppe** geht darauf zurück, daß man früher mit sogenannten Lichtputzscheren die Dochte von Kerzen und Öllampen beschnitt. Dabei fielen oft kleine, noch brennende Stücke des Dochtes zu Boden, die man Schnuppen nannte. Diese etymologische Erklärung verdeutlicht, wofür man Sternschnuppen ursprünglich hielt, nämlich für kleine brennende Stückchen von Sternen, die vom Himmel fallen. Man glaubte, sie würden Unheil vorhersagen.

Doch dies war nur die Volksmeinung. Die Gelehrten waren sich schon lange sicher, daß es damit etwas anderes auf sich hat. Bereits Aristoteles hielt sie für Meteore, die er wiederum als eine rein atmosphärische Erscheinung betrachtete. Noch Alexander von Humboldt bezweifelte in seinem 1845 erschienenen Werk ‹Kosmos› die außerirdische Herkunft der Sternschnuppen. Schon 1794 hatte der Physiker Ernst Chladni erkannt, daß Sternschnuppen tatsächlich aus dem Weltraum stammen.

Dennoch kursierten im 18. Jahrhundert noch zahlreiche andere Erklärungsvarianten. So heißt es beispielsweise in einem Artikel aus der ‹Haude-Spenerschen Zeitung› von 1771 (Berlin, Nr. 13) zur Entstehung von Sternschnuppen, dieselben entstünden «von den wässerichten Dünsten, welche von unserer Erde aufsteigen, die mit ölichten, schwefelichten und Salpeter-Theilen vermischt, und zur Nahrung der Pflanzen dienen. Diese werden die Ursach vieler Entzündungen von mancherley Art.»

Im ‹Buch vom Aberglauben, Mißbrauch und falschen Wahn› von 1790 ist zu lesen, eine Sternschnuppe sei «die Entzündung der brennbaren Luft in einer zähen Materie, welche dann zu Boden fällt, und dem äusserlichen Ansehen nach die Größe eines Sterns hat». An der Stelle, an der eine Sternschnuppe niedergefallen sei, finde man eine «zähe gallertartige Materie». Ein Teil von einem Stern könne sie nicht sein, so der Autor, da man sie sonst viel länger fliegen sehen könnte. Und sie sei auch kein Vorzeichen für den Jüngsten Tag, wie viele meinten.

Heute weiß man, daß es sich bei Sternschnuppen um Teile interplanetarer Materie handelt, die in die Erdatmosphäre eintreten und dort verglühen. Während man unter «Meteor» die Gesamtheit aller Erscheinungen, die sich abspielen, wenn ein kosmischer Körper in die Atmosphäre eintritt, versteht, nennt man ein Bruchstück, das den Erdboden erreicht, «Meteorit». Sieht man also eine Sternschnuppe, beobachtet man das Verglühen eines solchen Meteoriten bei seinem Eintritt in die Erdatmosphäre.

Sonnen- und Mondfinsternisse galten bereits in der Antike als Vorzeichen, die meist Negatives, manchmal jedoch auch Positives vorhersagten. So berichtet zum Beispiel Herodot von einer Sonnenfinsternis, die einen Krieg zwischen Spartanern und Persern verhindert haben soll. Meist waren Sonnenfinsternisse jedoch Vorzeichen für Kriege, Unheil, Seuchen und Tod.

In der Bibel wird berichtet, daß sich bei der Kreuzigung Jesu die Sonne verfinstert habe, was astronomisch gesehen aber kaum möglich ist, da das Passahfest bei Vollmond stattfindet, eine Sonnenfinsternis dagegen nur bei Neumond.

Der negative Zeichencharakter der Finsternisse taucht auch in der Frühen Neuzeit auf. So heißt es in einer Flugschrift von 1564, daß viele «graussamme und schreckhliche Finsternussen», die 1564 und in den darauffolgenden Jahren stattfinden sollten, «grosse verenderung» bringen würden. Beispielsweise werde die

Luft vergiftet, so daß Mensch und Vieh sterben müßten. Doch auch reale Ereignisse zeige die Sonnenfinsternis an, nämlich den Krieg mit den Türken, in dem viel Blut vergossen werde. Ihr werde, so heißt es weiter, «ein grausam wetter» folgen, das «die Herzen der Menschen erschrecken wirt». Außerdem würden Unzucht, Armut, Teuerung, Unruhen und die Pest über das Land kommen. Große Trübsal werde die Christenheit zugrunde gehen lassen und eine Reformation einleiten. All dies leitet der Autor aus der Sonnenfinsternis ab.

Eine ‹Warhafftige, und Gründtliche beschreibung, aller Finsternissen, der Sonnen und des Mons› versucht der Autor einer gleichnamigen Schrift von 1575 zu geben. Er beginnt mit der Mondfinsternis im Jahr 1576 und gibt einen Ausblick auf sämtliche Planetenkonjunktionen und Finsternisse in den darauffolgenden Jahren bis 1600. Zwischendurch liefert er Erklärungen, was die Finsternisse bedeuten: «theurung, hunger, sterben und Pestilentz, auch gros Blutvergiessen, Todt, Mord und Brand» sieht auch er als bedeutendste Folgen an. Da sich dieses Unheil über einen so langen Zeitraum erstreckt, ist klar, wofür die Finsternisse letztendlich ein Zeichen sind, nämlich für den Weltuntergang.

Wie die Sonnenfinsternis in der Schrift ‹Astrologisches Bedencken, von der Erschröcklichen, ganz Europa gefährlichen, Land unnd Leut betrohlichen, ins gemein hochschädlichen Würckung, der Sonnen Finsternuß› von 1630 bewertet wird, macht bereits der Titel deutlich. Doch enthält diese Schrift auch wissenschaftliche Züge, indem «unterschiedlicher Astronomorum Bedencken» wiedergegeben werden. Die bösen Folgen einer Finsternis werden nun also wissenschaftlich untermauert.

Noch im 17. Jahrhundert ist man sich somit relativ einig, daß eine Finsternis immer ein unheilvolles Vorzeichen ist, das allerhand Schaden anrichtet. Das bedeutet jedoch nicht, daß man die Finsternis als rein übernatürliches Zeichen betrachtet, dessen natürlichen Ursprung man nicht kennen würde. Vielmehr haben bereits die Babylonier aufgrund jahrhundertelanger Himmelsbeobachtung herausgefunden, daß sich Sonnenfinsternisse in gewisser Regelmäßigkeit wiederholen. Aufgrund dieser Kenntnis war es ihnen möglich, Finsternisse vorauszuberechnen.

Diese Kenntnis war, wie wir aus oben erläuterten Schriften gesehen haben, auch den Europäern der Frühen Neuzeit bekannt. Doch eine wirkliche astronomische Auseinandersetzung mit dem Phänomen begann, wie bei sämtlichen Naturerscheinungen, erst im 18. Jahrhundert. Man versuchte nun, Finsternisse nicht nur vorauszuberechnen, sondern auch deren natürliche Ursache zu erklären.

Der Autor einer ‹Astronomischen und Geographischen Abhandlung der großen Sonnenfinsterniß, die sich im Jahre 1764 nach bürgerlicher Zeit den ersten April vormittag ereignen wird› definiert Sonnenfinsternisse als «Himmelsbegebenheiten, wenn ein sonst heller leuchtender grosser Weltkörper, sein Licht auf eine gewisse Zeit, würklich verlieret, oder doch uns, die wir auf der Erde sind, zu verlieren scheinet». Dies könne nur bei Himmelskörpern der Fall sein, «die dunkle Körper sind, und ihr Licht von einem andern bekommen», denn nur sie können tatsächlich dunkel erscheinen. Deshalb könne der Mond «sein Licht wirklich» verlieren und so den Menschen auf der Erde verfinstert erscheinen. Gleichzeitig mit einer solchen Mondfinsternis habe «der Zuschauer im Monde aber … eine Sonnenfinsterniß zu beobachten»: «Was uns also eine Sonnenfinsterniß ist, das ist dem Zuschauer in dem Monde eben das, was uns auf der Erde eine Mondsfinsterniß ist.» Der Autor geht somit noch eindeutig von dem aus, was der Mensch sieht (bzw. nicht sieht), und versucht so, sich eine logische Erklärung zu konstruieren, die jedoch das Phänomen selbst nicht trifft.

Der Autor des ‹Buchs vom Aberglauben, Mißbrauch und falschen Wahn› von 1790 versucht zu belegen, warum Sonnen- und Mondfinsternisse keine Vorzeichen für Unheil sind. Erde, Mond und Sonne haben eine bestimmte Stellung zueinander, die vollkommen regelmäßig ist. Wenn also zu vorherberechenbaren Zeiten eine Sonnen- bzw. Mondfinsternis eintrete, bedeute das, «daß das Weltgebäude noch in unverrückter Ordnung stehe; daß Erde, Sonne, Mond, und gewiß auch die Sterne, so wie vor Jahrtausenden, also noch jetzt ihre Bahn wandeln». Sie sind Zeichen für die Ordnung der Welt und somit positiv zu bewerten.

Überaus exakte Erklärungen gibt Christian Friedrich Rüdiger in seiner Schrift ‹Astronomische Anzeige und Beschreibung der grossen Sonnenfinsternis welche sich den 11. Februar 1804 ereignen wird, auch der selbiger vorausgehenden Mondfinsternis› von 1804. Anhand für den Laien äußerst kompliziert scheinender Formeln, Rechnungen und Skizzen beschreibt er den genauen Stand und Verlauf von Sonne, Mond und Erde, aufgrund deren es zu Finsternissen kommt. Er schuf damit die Grundlage für die heutige Erklärung der Finsternisse.

Wie man heute weiß, kommt es zu Finsternissen, wenn Sonne, Mond und Erde sich auf einer Geraden befinden. Eine Sonnenfinsternis tritt dann ein, wenn der Mond genau zwischen Erde und Sonne steht und somit seinen Schatten auf die Erde wirft. Von einer Mondfinsternis spricht man, wenn sich die Erde zwischen Mond und Sonne befindet und mit ihrem Schatten den Mond in Finsternis hüllt.

Der Zyklus, in dem eine totale Sonnenfinsternis auftritt, dauert im Durchschnitt etwa 18 Jahre. Dabei kann es vorkommen, daß zwei aufeinanderfolgende Finsternisse am gleichen Ort zu sehen sind, wie dies beispielsweise 1415 und 1433 in vielen Städten Deutschlands der Fall war. Es ist aber auch möglich – und sogar sehr viel wahrscheinlicher –, daß die Sonnenfinsternis immer an anderen Orten und erst nach mehreren Zyklen wieder in derselben Region zu beobachten ist. So hatte man in Deutschland 1485, danach 1706 und schließlich erst wieder 1999 die Gelegenheit, an diesem Naturspektakel teilzunehmen.

Aufgrund dieser Seltenheit ist eine Sonnenfinsternis auch heute noch ein Ereignis, um das viel Aufhebens gemacht wird. Schon Wochen vor dem 11. August 1999 wurde in der Presse das unheimliche Ereignis der «schwarzen Sonne» angekündigt. Es wurde von einer «geheimnisvollen Kraft» gesprochen, die von dem Naturspektakel ausgehen werde, Schutzbrillen wurden auf dem Schwarzmarkt teuer gehandelt, einige Sekten prophezeiten den Weltuntergang für diesen Termin. Obwohl immer wieder erläutert wird, wie eine Sonnenfinsternis entsteht, wird ihr doch etwas Mystisches, Unheimliches zugesprochen.

Wie astronomische sorgen auch meteorologische Himmelserscheinungen noch heute für Aufsehen. «Geheimnisvolles Nordlicht über Deutschland. Unser Nachthimmel – wie ein gigantisches Feuerwerk. Flammenbündel in purpurschimmerndem Rot, Leuchtsäulen in Grün und Gelb» – so beschrieb die Presse am 8. April 2000 das in der Nacht zuvor am Himmel über vielen Orten Deutschlands beobachtete **Nordlicht.** Zahlreiche besorgte Anrufe gingen ein, die das Naturschauspiel «für einen Feuerschein, für ein Ufo oder eine Giftgaswolke» hielten.

Solche Deutungsversuche sind einerseits typisch für unsere heutige, technologische Welt. Andererseits sollte man bei dem heutigen Stand der Naturwissenschaften davon ausgehen können, daß ein Naturereignis wie ein Nordlicht keine derartigen Angstzustände mehr auslöst.

Das erste Flugblatt über ein Nordlicht wurde 1554 publiziert. Der Text des Flugblatts besteht aus einem ins Deutsche übersetzten Brief des französischen Propheten Nostradamus (→ Prophezeiungen). Nostradamus' Beschreibung des Nordlichts lautet folgendermaßen: «Dieses Feuer sehr groß, und aller massen wie ein grosse brinnende stangen oder fackel gestalt, hat einen wunderbarlichen schein von sich geben, und davon seien die Flammen gesprungen, wie von einem glüenden Eysen, das der Schmidt arbeytet.» Er bezeichnet die Erscheinung als Feuer, Fackel, feuriger Pfeil oder feuriger Striemen. Er empfindet sie als «erschrecklich» und fände es «viel besser, das es nit erschienen were», da es ein Zeichen für «Krieg, Feuer, Hunger, Pestilentz oder andere fremde Kranckheyten» sei. Auch wenn Nostradamus keine Erklärung für die Erscheinung geben kann, so scheint er doch bemerkt zu haben, daß diese «nach gelegenheyt dieser gegent und Climatis ...

neu und sehr frembd» sei. Dies erklärt auch, warum er sie an einer Stelle als «Comet» bezeichnet. Denn Kometen und damit auch der Terminus waren zu der Zeit bereits bekannt, wohingegen für Nordlichter gerade in südlicheren Regionen noch kein Begriff existierte, da sie dort zu selten zu sehen waren.

Aufgrund des fehlenden Terminus' in den Flugblättern ist es zum Teil schwierig, Himmelserscheinungen als Nordlichter zu klassifizieren. Als einziger Anhaltspunkt kann die Beschreibung der Erscheinung herangezogen werden. Am häufigsten ist dabei die soeben geschilderte anzutreffen: Es handele sich um ein Feuer, um Flammen oder eine Feuersbrunst, die rot oder sogar blutrot am Himmel stehen. Dazu beobachtet man oft weiße Striche wie lange Spieße, Säulen oder brennende Fackeln. Manchmal wird von «feurigen gewapneten Manns personen» mit feurigen Schwertern berichtet, was auf die Deutung der Erscheinungen hinweist: «Feuer und feurige gesichte, bedeuten offt in der Schrifft Gottes zorn und straffe, mit schwert, bludtvergiessen, und verherung der Lande.»

Die Beschreibung des Ablaufs der Erscheinung kann dabei sehr detaillierte Züge annehmen wie beispielsweise in einer Flugschrift von 1562. In dieser werden sowohl die unterschiedlichen Farben am Himmel als auch die verschiedenen «Circkeln» und «striche» sowie die dabei sich ergebende Stellung von Mond und Planeten geschildert und durch Holzschnitte illustriert. Dieser exakten Darstellung folgt jedoch wiederum eine ausführliche Auslegung, in der der Autor keinen Zweifel daran läßt, «das solche ungewönliche gesicht in der Lufft, zeichen sein künfftiger grosser unruhe in Regimenten, wie solches durch langer zeit erfarung, und aller völcker Historien, so vorhanden sein, kan erwisen werden».

In sämtlichen Flugblättern und Flugschriften des 16. Jahrhunderts werden Nordlichter somit einheitlich als Vorzeichen für die schon von Nostradamus genannten Plagen wie Krieg, Feuer und Krankheiten betrachtet, zugleich jedoch als Warnungen Gottes, Buße zu tun und weniger Sünden zu begehen, damit solches Unheil abgewendet werden könne. Die Erscheinungen werden zwar meist sehr exakt beschrieben, doch kein Autor versucht, eine natürliche Erklärung dafür zu finden.

Darstellung und Deutung der Nordlichter ändern sich auch im 17. Jahrhundert kaum. So berichtet eine Flugschrift von 1630 von einer «Schneweissen materi», die man am Himmel gesehen habe. Diese habe «bald 2. Gesellen bekommen», die zunächst alle «Schneeweiß» waren und durch ihre «ungewohnliche Helle» auffielen. Als sie jedoch «15. Grad gestigen, war nur der oberste dritte theil (doch der gantzen länge nach) hell, die undere 2/3 aber Blaulecht, oder etwas Purpurfarb sich schattierend». Nach der roten Farbe schließlich «stellet sich die schwartzdunckele Farb ein». Trotz dieser exakten Beschreibung beharrt der Autor jedoch darauf, daß die Erscheinung ein «extraordinari Werck» Gottes sei.

Daß aus der zweiten Hälfte des 17. Jahrhunderts keine Belege für Nordlichter in den Flugblättern und Flugschriften mehr faßbar sind, hat seine Ursache darin, daß sie in dieser Zeit – sowie auch vor 1550 – in Mitteleuropa kaum sichtbar waren. Etwa zwischen 1550 und 1650 kam es zu einer erhöhten Sonnenaktivität, weshalb in diesen hundert Jahren häufig Nordlichter beobachtet werden konnten. Von ca. 1650 bis nach 1700 war die Sonnenaktivität vergleichsweise gering, so daß man erst nach dieser Zeit wieder Nordlichter sehen konnte.

Worum handelt es sich nun bei diesen Himmelserscheinungen? Schon Aristoteles hat sich in seiner Schrift ‹Meteorologica› mit der Entstehung der von ihm so genannten «Chasmata» beschäftigt, zu denen er auch Nordlichter zählte. Diese entstehen seiner Meinung nach durch Dämpfe, die aufgrund der Sonnenhitze von der Erdoberfläche aufsteigen und in der Atmosphäre mit dem Feuer zusammenstoßen; durch diesen Stoß werden Flammen produziert, die dann am Himmel zu sehen sind. Ab dem 13. Jahrhundert befaßte man sich in nördlichen Ländern zunehmend mit dem Phänomen Nordlicht, so zum Beispiel im norwegischen ‹Königsspiegel›, der ca. 1250 verfaßt wurde. In Mitteleuropa da-

Flugblatt von Georg Merkel über ein Nordlicht in der Nähe von Forchheim am 28. 12. 1560

gegen, wo das Nordlicht nur sehr selten zu sehen war, ließ man sich von ihm bis ins 17. Jahrhundert in Angst versetzen und begann erst im 18. Jahrhundert mit der Erforschung des Phänomens.

1721 widmet Johann Christian Heuson eine Abhandlung der ‹Aurora Borealis›, wie man die Erscheinung ab 1619 nannte. Es handelt sich seiner Ansicht nach um «eine natürliche, doch in der Natur wunderwürdige Begebenheit», die, obwohl sie viele für ein Wunderzeichen hielten, zu den «natürlichen Lufft-Begebenheiten» gerechnet werden müsse. Das Nordlicht bestehe aus «allerhand wässerigen, trockenen, schwefelichten und salpetrischen Dünsten, so aus der Erden aufsteigen, und allerhand brennende Materien bey sich führen, und in der Lufft in einer von den Dünsten dicht zusammen gezogenen Wolcke sich entzünden». Ähnlich wie in einigen Flugblättern und Flugschriften beschreibt auch Heuson die äußere Erscheinung des Nordlichts als «Strahlen und Feuer-Flammen», erklärt sie jedoch mit Hilfe der «concentrirenden Dünste, welche durch eine so schnelle Bewegung so hefftig ausgebreitet, und voneinander gejaget werden, daß man davon ein entsetzliches Zischen in der Lufft gehöret, und einen seltzamen etwas schwefelichten, ja auch sonsten einen Feuer-Geruch, als wie bey einer Feuers-Brunst in der Nase verspühret».

Laurids Barhow fragt in seinen ‹Richtig angestellten und aufrichtig mitgetheilten Observationes› von 1751 nach sämtlichen Bedingungen, die für das Erscheinen eines Nordlichts gegeben sein müssen, wie Ort, Zeit, Witterung und Luftkonsistenz. Er schließt aus, daß es sich um eine «selbstbrennende Materie» handele oder das Licht vom Schein der Sonne, des Mondes oder der Sterne stamme. Vielmehr müsse das Licht «unten von der Erde her» kommen, was ihn zu folgender Hypothese veranlaßt: «Es scheint, daß diejenigen Dünste, woraus das Nordlicht bestehet, ihren Schein, Glanz und Licht bekommen können von der Menge Eiß, das um den Nordpol befindlich ist.» In letzter Zeit sei es auch weiter südlich zu sehen, weil «das Eiß auf einige Zeit so zugenommen hat unter Grönland, und sich gegen Süden ausgebreitet».

Nachdem Edmond Halley bereits zu Beginn des 18. Jahrhunderts in Großbritannien wichtige Vorarbeiten dafür geleistet hatte, erkannten im 19. Jahrhundert auch deutsche Wissenschaftler den Zusammenhang zwischen Nordlicht und Magnetismus. So beschreibt J. S. C. Schweigger in einer Abhandlung von 1855 Nordlichter als «Lichtsäulen», die «magnetischen Gesetzen gemäss geordnet sind». Das Nordlicht sei also «ein Ausdruck des Erdmagnetismus», der auch die «Erkältung» der Luft sowie die im Kontext der Nordlichter oft auftretenden Stürme erkläre.

Daß sich diese Auffassung eines Zusammenhangs zwischen ‹Erdmagnetismus und Nordlicht› allmählich in der Forschung durchsetzte, belegt die gleichnamige Abhandlung von Geisenheimer 1873. Da Magnetismus meßbar ist, kann man Geisenheimers Ansicht nach ein Nordlicht sogar vorherbestimmen: «Wenn die Magnetnadel plötzlich heftige Störungen zeigt, ohne daß in irdischen Vorgängen sich eine Ursache hierfür auffinden läßt, dürfen wir ein Nordlicht erwarten.»

Im 19. Jahrhundert war somit der Zusammenhang von Erdmagnetismus und Polarlichtern bereits bekannt. Doch worin dieser Zusammenhang genau besteht, konnte erst im 20. Jahrhundert nach zahlreichen Expeditionen zum Nordpol und exakten Studien des Phänomens sowie aufgrund neuer physikalischer Erkenntnisse herausgefunden werden. So geht man heute davon aus, daß der Sonnenwind, d. h. ein Strom elektrisch geladener Teilchen, die Magnetosphäre (die Erde umgebende Magnetfeldlinien) umströmt und dabei elektrische Felder erzeugt. Diese Felder bewirken, daß Elektronen aus der Plasmaschicht entlang der Magnetfeldlinien zur Erde hin beschleunigt werden, bei hohen geographischen Breiten in die Atmosphäre eindringen und diese zum Leuchten anregen.

Man unterscheidet heute zwischen Formen ohne Struktur, Formen mit Strahlenstruktur und dem flammenden Polarlicht. Als Oberbegriff bevorzugt man den Begriff «Polarlicht», da man erkannt hat, daß ähnliche Erscheinungen auch am Südpol auftreten. Vor allem die unterschiedlichen Erscheinungsformen der Polarlichter dürften der Grund dafür gewesen sein, daß eine restlose Aufklärung des Phänomens erst im 20. Jahrhundert erreicht werden konnte.

Auch **Haloerscheinungen** gehören zu den meteorologischen Himmelserscheinungen und umfassen Nebensonnen und Nebenmonde sowie Bögen, Kreise und ähnliche Leuchterscheinungen um Sonne und Mond.

Der Aufbau früher Flugblätter über Haloerscheinungen ist sehr einheitlich. Unterhalb des Titels, der den Bericht über das «wunderbarliche» oder «erschreckliche Gesicht» an Sonne oder Mond ankündigt, findet sich ein Holzschnitt, der meist mehr als die Hälfte des Blattes einnimmt. Das Bild zeigt entweder im Hintergrund eine Stadt, im Vordergrund Menschen, die zum Himmel zeigen, und am Himmel mehrere Sonnen mit Gesichtern und Bögen oder aber nur das Himmelszeichen. Im Text unterhalb des Bildes wird die Erscheinung oft mit exakter Datierung und Zeitangabe erläutert. Jede Nebensonne und jeder Bogen wird in Form und Gestalt, meist mit Farbangaben, beschrieben. So heißt es in einem Flugblatt von Stefan Hamer: «und von der Sonnen ist ein runder kreyß weiß der gestalt gegangen, und hat nicht gar zusammen gereicht nach dem Nidergang: Und diser schein oder rotund, auff der rechten seiten, ist gelb und braun gewesen ...»

Nach dem Beschreibungsteil folgt in allen Flugblättern ein ausführlicher Deutungsteil. Es wird betont, daß nur Gott die wahre Bedeutung des Zeichens kenne: «Was aber dise anzeygung bedeuten, Solchs ist nur dem allmechtigen Gott bewust, der wölle uns gnedig sein.» Aber auch wenn den Menschen die Bedeutung des Zeichens verborgen bleibt, so muß diese trotzdem vorhanden sein. Denn Gott lasse «solche Zeichen, uns nicht umb sonst» erscheinen, sondern «gibt dadurch seinen gerechten zorn, und zukünfftige straffen, uber die unbußfertige, sündhaffte, böse Welt» zu erkennen. Am Ende der Flugblätter erfolgt eine Bitte an Gott «als treuen Vatter, das er seinen billichen zorn, so wir leider wol verdient haben, wölle abwenden, Durch Jesum Christum unsern Herren».

Bei den Flugblättern des 17. Jahrhunderts über Haloerscheinungen ist eine deutliche Entwicklung erkennbar. Die religiöse Deutung als Strafe Gottes bleibt zwar erhalten, doch tritt vermehrt der Versuch einer natürlichen Erklärung hinzu. So bezeichnet Caspar Fuld in einem Flugblatt von 1630 die «künfftige verenderung deß Wetters» als erste, ‹natürliche› Bedeutung des Zeichens. Trotz dieser Erklärung spricht er dem Zeichen jedoch eine zusätzliche «Göttliche, verborgene und der Natur ungewöhnliche» Bedeutung zu, ähnlich wie in den Deutungen des 16. Jahrhunderts.

Auch Jacob Koppmayer geht in seinem Flugblatt von 1681 noch davon aus, daß Gott am Himmel «mancherley Zeichen seiner Güte und Wolthaten, deßgleichen auch seines Zorns und

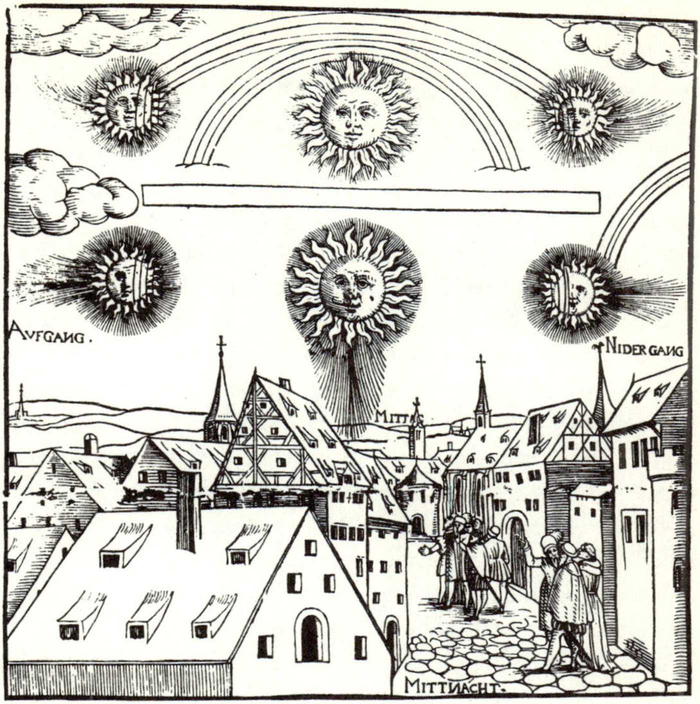

Haloerscheinungen, die 1554 über Ingolstadt, Regensburg und Nürnberg am Himmel gesehen wurden

Plagen zu erkennen» gibt. Doch er sieht wie Caspar Fuld auch die natürliche Wirkung der Zeichen, nämlich «daß sie gemeiniglich Regen bringen». Erstmals versucht Koppmayer, genauere Auskunft über den «natürlichen Ursprung» der Erscheinungen zu geben, den er folgendermaßen erklärt: «diese Regen-Bogen werden gezeuget, in den Wolcken welche eine dicke haben, gleich, feucht und stillstehend sein, also, daß die Sonne oder Mond, ihr Bildnuß darein werffen können.» Anschließend gibt er eine äußerst detailreiche Beschreibung der einzelnen «Circkel» und «Bögen», die über mehrere Stunden hinweg am Himmel zu sehen waren.

Auch wenn die Frage nach den Ursachen der Haloerscheinungen in diesem Flugblatt zum ersten Mal auftaucht, scheint sie vorher nicht unbekannt gewesen zu sein, wie theoretische Texte über Nebensonnen belegen.

In seiner ‹Consignatio vieler mercklichen und gedenckwürdigen Historien› von 1618 erläutert Caspar Dauthendey zunächst die «Natürlichen Ursachen der Wundersonnen»: «Nemlich, daß solche Nebensonnen in einem gleich dicken und unbeweglichen Gewölcke durch den reflectirten Sonnenstrahlen verrichtet, und von uns also besichtiget werden, nicht anders als wie in einem ruhigen stillen und hellen Wasser, oder Spiegel zu geschehen pfleget.» Allerdings gibt er zu bedenken, daß nicht alle Wundersonnen natürlich erklärbar seien, sondern «daß auch ubernatürliche sich haben sehen und mercken lassen». Diese seien zu allen Zeiten «vorboten zu Krieg, Auffruhr, Verenderung der Religion, Theurung, Wassersnoth und groß Sterben gewesen». Dauthendey verbindet also die natürliche mit der religiösen Interpretation, wobei er wie die meisten Autoren der Flugblätter und Flugschriften der religiösen den Vorrang gibt.

Jacobus Bartschius Laub unterscheidet in seiner Schrift ‹Himmlischen Zeiterinnernden Wunder-Son- und Weckuhr› von 1622 ebenfalls zwischen natürlichen und «übernatürlichen Bedeutungen» der Nebensonnen. Als natürliche Erklärung nennt er die Reflexion der Sonnenstrahlen in einer Wolke, die seiner Meinung nach bestimmte Voraussetzungen erfüllen muß: Sie muß «dicke und an einander», «glat und gleiche», «im fordern theil liechte und helle, im hinderntheil aber etwas finster und terminiret» sein sowie «gantz still stehen», «sehr feucht und wässerig» sein und «schlimm nach der seiten gegen der Sonnen stehen, entweder nach Mittag oder Mitternacht zu».

Im 18. Jahrhundert tritt die religiöse Interpretation immer mehr in den Hintergrund. So geht Franciscus Reinzer in seiner Abhandlung ‹Meteorologia Philosophico-Politica› von 1712 ausführlich auf die natürlichen Ursachen der «Sonnen-Striche», «Neben-Sonnen» und «Neben-Monde» ein, die er folgendermaßen erläutert: «Die Sonnen-Striche werden von denen Sonnen-Strahlen, die gerad auf eine wässerige, doch nicht durchaus gleich dünne Wolcke einfallen und sich zuruck biegen verursachet ... Der Neben-Sonne Subjectum oder Materi ist eine Wolcke; welche aber seyn muß ... Die Erscheinung vieler Sonnen kan auch durch die Zuruckbrechung (refraction) geschehen.»

Bereits elf Jahre später hat sich die Theorie der Reflexion als alleinige Erklärung der Haloerscheinungen durchgesetzt. In Christian Wolffs ‹Vernünfftigen Gedancken von den Würckungen der Natur› wird sie detailliert erläutert, wobei nun Hagelkörner, nicht mehr wie früher Wolken, als Auslöser der Reflexion betrachtet werden: «Die Neben-Sonnen entstehen durch die Refraction in dem hellen Theile des cylindrischen Hagels, der dergestalt für der Sonne stehet, daß die gebrochenen Strahlen in das Auge fallen können.» Für Wolff sind die Erscheinungen keine Wunderzeichen mehr, bei denen «die Einbildungs-Krafft in der Figur allerhand erdichtet», sondern gewöhnliche Naturerscheinungen, die physikalisch erklärbar sind.

Im 19. Jahrhundert ist die Deutung als Wunderzeichen gänzlich verschwunden. Es sind nun fast nur noch Physiker, die sich mit dem Phänomen auseinandersetzen. So stellt beispielsweise Joseph Fraunhofer 1825 eine ‹Theorie der Höfe, Nebensonnen und verwandter Phänomene› auf. In Anlehnung an die Vorarbeiten von Descartes und Newton geht Fraunhofer davon aus, die Haloerscheinungen seien auf Beugung oder Brechung des Lichts zurückzuführen. Objekte der Beugung bzw. Brechung seien «Eiskrystalle», «deren Flächen die Neigungswinkel von 60° und 88°» aufweisen und die sich im Dunstkreis der Sonne befänden.

Heute wird ein Halo definiert als eine atmosphärische optische Erscheinung um Sonne oder Mond, die durch Brechung und Spiegelung der Lichtstrahlen an hochschwebenden Eiskristallen entsteht. Nebensonnen bzw. Nebenmonde treten dann auf, wenn es durch Reflexion des Lichtes an ebenen Flächen von Eiskristallen zu einer Helligkeitssteigerung der Ringe links und rechts von der Sonne bzw. dem Mond kommt. Auch für die anderen Haloerscheinungen wurden eigene Termini eingeführt wie «kleiner Ring» oder «22°-Halo», «großer Ring» oder «46°-Halo», «oberer und unterer Berührungsbogen», «Horizontalring», «Gegensonne» und «Nebengegensonne».

Neben Nordlichtern und Haloerscheinungen, die auf den Illustrationen der frühneuzeitlichen Schriften meist als solche erkennbar sind, gibt es zahlreiche Abbildungen **phantastischer Formen**, die von den Menschen am Himmel beobachtet wurden. Es wird von Kriegsheeren, Tieren, Totenbahren, Kreuzen, Ruten, Rauchsäulen, Reitern, Drachen, Totengerippen, Engeln usw. berichtet. Wie sämtliche Wunderzeichen wurden auch all diese Erscheinungen mit fest geprägten Deutungen versehen. Kriegsheere am Himmel beispielsweise deutete man als das Bevorstehen des Jüngsten Tages sowie als Warnung, daß die Menschen ihre Kriege beenden sollen, da sie sonst mit dem Zorn Gottes zu rechnen hätten.

Besonders großes Aufsehen erregte ein Himmelszeichen, das am 27. Februar 1561 zwischen Eisleben und Mansfeld gesehen worden war. Zahlreiche Flugblätter und Flugschriften berichten von zwei Rauchsäulen, die für die «zwen grausame feinde, als do ist der Muscowiter und der Turck» stehen, einer Rute, die «Blutvergiessen, Krieg, Pestilentz, Theurezeit und andere harte straffe mehr» ankündige, und dem Kreuz Jesu, das die Güte Gottes symbolisiert, die er den Menschen erweist, wenn sie nach seinem Willen leben. Schon an der äußerst schematischen Darstellung dieser drei Zeichen wird deutlich, daß es hier weniger um die meteorologische Erscheinung an sich geht, sondern vielmehr um deren Auslegung als Zeichen und Symbol für Gottes Zorn und das Unheil auf der Welt. Doch worum handelte es sich nun tatsächlich bei diesen Erscheinungen, wie sind diese meteorologisch-physikalisch erklärbar?

Bei allen meteorologischen Erscheinungen handelt es sich um Licht- und Farbeneffekte, die von irdischen oder außerirdischen Lichtquellen (Sonne, Mond, Sterne) erzeugt werden, wenn ihre Lichtstrahlen die Atmosphäre der Erde durchdringen. Die Lichtstrahlen werden dabei an der Atmosphäre gebrochen, gestreut oder reflektiert, was je nach Art des physikalischen Vorgangs zu unterschiedlichen Erscheinungen führt. Neben der simplen Erklärung durch Wolkenbildungen, vor allem Gewitterwolken, können einige Himmelszeichen auf Dämmerungserscheinungen mit leuchtenden Nachtwolken zurückgeführt werden. Dabei handelt es sich um eine Erscheinung, die erst sehr spät, nämlich Ende des 19. Jahrhunderts, erkannt und erforscht wurde. In seiner Abhandlung von 1885 stellt J. Kießling die These auf, daß Dämmerungserscheinungen «in unmittelbarem Zusammenhang mit ... Sonnenfärbungen» auftreten. Diese Beobachtung versucht er mit Hilfe der von Fraunhofer begründeten Diffraktionstheorie theoretisch zu fundieren, die besagt, daß «jedes einzelne Staub- oder Rauch- oder Nebelteilchen für sich eine Beugung oder Diffraktion des Lichtes verursacht, daß aber ein Gesamteffekt mit lebhafter Farbenentwickelung nur dann hervorgebracht wird, wenn alle Stoffteilchen – die sog. Diffraktionskörperchen – nahezu gleiche Größe besitzen und gleichmäßig im Raume verteilt sind». Dies sei jedoch das besondere Kennzeichen der Dämmerungserscheinung, die deshalb nur bei wolkenlosem Himmel beobachtet werden könne.

Das Phänomen der leuchtenden Nachtwolken ist erst seit 1885 greifbar und wurde im Rahmen langfristiger Dämmerungsbeobachtungen von Kießling und anderen Wissenschaftlern entdeckt. Bis heute konnte es nicht vollständig geklärt werden. So stehen sich in der Wissenschaft zwei Hypothesen, die sogenannte Staub- und die Eishypothese, gegenüber. Demnach sind entweder Staubteilchen oder Eispartikel dafür verantwortlich, daß die Sonnenstrahlen an der Grenze zwischen Stratosphäre und Ionosphäre noch reflektiert werden können, wenn am Erdboden bereits Dunkelheit herrscht. Die Form der Wolken ist sehr vielfältig und kann in fünf Typen eingeteilt werden: Schleier, Bänder, Wogen, Ringe und strukturlose, diffuse Gebilde. Gerade aufgrund dieser diffusen Gestalt ist anzunehmen, daß es sich bei einigen der frühneuzeitlichen Himmelserscheinungen um leuchtende

Nachtwolken handelte. Denn können Schleier, Bänder, Wogen und Ringe nicht auch als Ruten, Schwerter, Bahren oder Pferde interpretiert werden? Vor dem Hintergrund der in der Frühen Neuzeit allgegenwärtigen Erwartung von Wunderzeichen scheint es durchaus möglich zu sein, daß man in diesen Erscheinungen die abstrusesten Dinge zu erblicken glaubte. In Wirklichkeit handelte es sich vermutlich um Dämmerungsvorgänge, bestimmte Wolkenbildungen und Lichteffekte, die jedoch erst im 19. und 20. Jahrhundert geklärt werden konnten.

Und selbst heute ist die Zuordnung zu den physikalisch erklärbaren Phänomenen oft nicht eindeutig möglich. Im April 2002 erregten rätselhafte Himmelserscheinungen über Bayern große Aufregung in der Bevölkerung. Man beobachtete mysteriöse Lichtphänomene, ungewöhnliche Blitze, geheimnisvolle Nachtlichter und hörte dazu Explosionsgeräusche und Donnergrollen. Die Erklärungen für diese seltsamen Erscheinungen gingen vom Absturz von Weltraummüll über Kometen, Nordlichter, Meteoriten oder «Feuerball-Boliden» bis hin zu UFOs. Um was es sich wirklich handelte, blieb letztendlich trotz der Untersuchung mehrerer Experten ungeklärt.

Lit.: Martin Birkmaier (Hg.): Totale Sonnenfinsternis 11. August 1999, Augsburg 1999; Michael Bischoff: Himmelszeichen. Eine bildreiche Kunde von Aberglauben und Ängsten, Nördlingen 1986; I. Brand: Unerklärliche Himmelserscheinungen aus älterer und neuerer Zeit. Berichte mit Analysen und Verfahren zur Beurteilung historischer Quellen, fotografischer Aufnahmen und statistischer Aussagen, München 1976; Eberhard Grünzinger: Stichwort Sonnenfinsternis, München 1999; Gustav Hellmann: Die Meteorologie in den deutschen Flugschriften und Flugblättern des XVI. Jahrhunderts. Ein Beitrag zur Geschichte der Meteorologie, Berlin 1921; Joachim Herrmann: Großes Lexikon der Astronomie, München 1980; Hartmut Lehmann: Die Kometenflugschriften des 17. Jahrhunderts als historische Quelle, in: Wolfgang Brückner u. a. (Hg.): Literatur und Volk im 17. Jahrhundert. Probleme populärer Kultur in Deutschland, Teil II, Wiesbaden 1985, S. 683–700; Franz Mauelshagen: Illustrierte Kometenflugblätter in wahrnehmungsgeschichtlicher Perspektive, in: Wolfgang Harms und Wolfgang Schilling (Hg.): Das illustrierte Flugblatt in der Kultur der Frühen Neuzeit, Frankfurt am Main 1998, S. 101–136; Rudolf Meyer: Die Haloerscheinungen, Hamburg 1929; Dietrich Möhlmann: Kometen. Himmelskörper aus den Anfängen des Sonnensystems, München 1997; Dietrich Möhlmann, Konrad Sauer und Richard Wäsch: Kometen, Berlin [2]1990; Manfred Reichstein: Kometen. Kosmische Vagabunden, Frankfurt am Main 1985; Kristian Schlegel: Vom Regenbogen zum Polarlicht. Leuchterscheinungen in der Atmosphäre, Heidelberg/Berlin 1999; Wilfried Schröder: Entwicklungsphasen der Erforschung der Leuchtenden Nachtwolken, Berlin 1975; Wilfried Schröder: Das Phänomen des Polarlichts. Geschichtsschreibung, Forschungsergebnisse und Probleme, Darmstadt 1985; Wiebke Schwarte: Nordlichter. Ihre Darstellung in der Wickiana, Münster u. a. 1999; www.astronomie.de; www.meteoros.de.

Hostienwunder

Die Blutsverwandlung konsekrierter Hostien während der katholischen Meßfeier kann auf eine lange Tradition zurückblicken. 1999 feierte das «Wunderbarliche Gut von Heilig Kreuz» in Augsburg sein 800 jähriges Jubiläum. Seit 800 Jahren wird die Wunderhostie in Augsburg aufbewahrt und verehrt. Im Jahr 1199 wurde, wie wir aus einem Flugblatt von 1635 erfahren, das «in sichtbarliches Fleisch und Blut warhafftiglich verwandlete Sacrament» über Rosenheim und München nach Augsburg überführt, von vielen Menschen angebetet und in die Kirche Heilig Kreuz zur Aufbewahrung gebracht.

Es wird von zahlreichen Wundern berichtet, die sich kraft dieser Hostie vollzogen haben sollen. Sämtliche Krankheiten wie «Bauchfluß», Blindheit, Taubheit, Fieber oder Besessenheit seien mit Hilfe der Hostie geheilt worden. Deshalb empfiehlt der Autor eines Flugblatts: «Wann du O Mensch in gfahr thust leben, Mit Andacht thue dich her begeben, Weil diser Gnadenbronnen fleust, Und Gott seine Gaben so reich außgeust.»

Ein anderes Flugblatt handelt von der Heilung eines fünfjährigen Jungen im Jahr 1648. Dieser Junge war durch die Schuld seines Vaters unter die Räder ihres Wagens gelangt, «daß jedesmahl der Kopff sowol als beede Fäßlein under jedem Rad ubersich gestanden, und der mitter Leib under sich gezwungen worden». Nach diesem Unfall wurde der Junge für tot gehalten, doch dem Vater fiel «in solchen seinen schröcken und Kummer, das hochheylige wunderbarliche Sacrament zum H. Creutz [ein], welcher das Kind also gleich mit einem H. Meßopffer nägst dahin versprochen». Und tatsächlich ist der Junge kurz nach diesem Gelübde «wunderbarlicher weiß widerumb zu sich selbsten kommen». Die Wunderhostie von Augsburg scheint also nicht nur bei schweren Krankheiten zu helfen, sondern sogar ‹Tote› wieder zum Leben erwecken zu können.

Aus Oktavianus Laders Abhandlungen des 17. und 18. Jahrhunderts erfahren wir, wie es zu der Wunderhostie gekommen ist. Es wird berichtet, daß im Jahre 1194 eine Frau bei der Meßfeier die Hostie empfangen, wieder aus dem Mund genommen, in Wachs gegossen und fünf Jahre lang zuhause aufbewahrt habe. Als sie die Hostie danach dem Probst gezeigt und dieser das Wachs entfernt habe, sei die Hostie blutrot und viel größer als vorher gewesen. Dies wurde von den Geistlichen als Wunder betrachtet, weshalb man die Hostie in einer Monstranz verwahrte und sie in einer feierlichen Prozession zur Kirche Heilig Kreuz brachte.

Nicht so positiv wie die Katholiken äußert sich der Protestant Henning Grosse in seiner ‹Magica› von 1600 zu einem Parallelfall des in Augsburg stattgefundenen Hostienwunders, der sich 1181 in Goldberg ereignet haben soll. Grosse betrachtet das Ereignis nämlich nicht als göttliches Wunder, sondern als Werk des Satans, der «nur damit das Päbstische figmentum und erdichte Lehre von der transsubstantiation bestetigen» wollte. Während im Katholizismus die Verwandlung von Hostie und Wein in Leib und Blut Christi als Glaubensgrundsatz festgesetzt ist (Transsubstantiationslehre) und die reale Blutsverwandlung der Hostie als Bestätigung dieses Dogmas betrachtet wird, werden diese Lehre und damit auch die Hostienwunder von den Protestanten abgelehnt.

Eine besondere Bedeutung nahm die blutende Hostie von Seefeld ein. Ein Adliger (Oßwald) habe im Jahr 1384 «aus verdammlichen Hochmuth» einen Priester gebeten, «eine grosse, und denen Priesteren allein bey der Heil. Meß gebührenden Hostie ihme zu consecrieren, und darzureichen». Als Strafe für dieses sündhafte Verlangen, sei er, als er die Hostie empfangen hatte, im Boden versunken, woraufhin der Priester die Hostie «aus seinem unwürdigen Mund» wieder herausgenommen habe. Zum großen Erstaunen der Anwesenden sei die Hostie sodann «von der Zungen-Feuchtigkeit gebogen, blau und blutroth unterloffen» gewesen. Die Verwandlung sei geschehen, «damit der Oßwald desto weniger zweifflen solte an dem wolverdienten zorn und straff Gottes» und um so «eine beständige Bleibstatt des eingefleischten, und in frembder, höchstverwunderlicher, gantz ungewöhnlich und auch ausser der gemeinen Wunder-Ordnung beharrlich-unverweesener gestalt gegenwärtigen Göttlichen Worts zu seyn». Der Hostie wird somit die Fähigkeit zugeschrieben zu erkennen, ob sie unwürdig empfangen wird. Gleichzeitig mahnt sie den Sünder zur Umkehr und setzt mit Hilfe des nach außen hin sichtbaren Zeichens ihrer Röte auch ein Mahnzeichen für alle anderen sündhaften Christen.

Die Hostienwunder führten in den bisherigen Fällen zu Bekehrung, Verehrung und sogar zu Wallfahrten. Doch kann die wunderbare Eigenschaft der Hostien auch mißbraucht werden. Eine Flugschrift von Otto Christoph Dillherr berichtet von einer Polin namens Dorothea Lazezka, die einem Juden eine Hostie aus der Kirche mitbringen und dafür einen roten Rock und drei Taler erhalten sollte. Als der Jude die mitgebrachte Hostie mit Nadeln stach, ist «alda wunderbarlich blut herauß gerunnen», woraufhin die Frau und der Jude überführt und verbrannt wurden. Auch hier scheint die Hostie also auf ein sündhaftes Vorgehen der Menschen reagiert zu haben. Anders als im vorigen Fall fand die Verwandlung aber nicht beim Empfang der Hostie statt, sondern erst, als die Hostie ihrem Zweck entfremdet und mißbraucht worden war.

Auch die Legende um die Wunderhostie von Willisau begann mit einem Mißbrauch. Eine «Zauberin» soll nach dem Empfang der Hostie diese wieder aus dem Mund genommen und auf dem Heimweg «in ein Dörn heck» geworfen haben. Dort hätten sie «ein hauffen Seu» gefunden und seien mit «scharchen wüten und grögtzen» über sie hergefallen. Dies ließ den Schweinehirten aufmerksam werden, der die Hostie in die Stadt brachte und jedem auf dem Weg zeigte. Jeder sah «die Heiligen Hostien gut, glantzen klar wie die Sonen», woraufhin man sie aufgehoben und in einer Monstranz aufbewahrt habe.

Ob aufgrund des Mißbrauchs durch eine Person oder ohne erkennbaren Grund: Hostien, die sich in Farbe und Form ändern oder aber trotz widriger Umstände erhalten bleiben, werden von katholischer Seite aus immer als Wunder Gottes betrachtet. Man schreibt der Hostie die Eigenschaft zu, daß sie den Glaubensgrundsatz der Transsubstantiation bekräftige, der Erbauung diene und sogar Heilungen bewirken könne. Außer den Mißbräuchen beschreiben die Flugblätter und Flugschriften meist nur die Heilungen in ausführlicher Form, während man sich über die Hintergründe in anderen Schriften informieren muß. Die katholischen Autoren dieser Schriften gehen durchwegs von einem Wunder Gottes aus und versuchen, diese These zu untermauern, während von protestantischer Seite von Anfang an Kritik laut wird, die sich ausgehend von den Hostienwundern allgemein auf den Wunderglauben und die Transsubstantiationslehre der katholischen Kirche bezieht.

Die Anfänge dieses spezifisch katholischen Glaubens an Hostienwunder sind schon vor der Frühen Neuzeit zu suchen. Bereits im 9. Jahrhundert wurde der Grundstock zur katholischen Transsubstantiationslehre gelegt, die besagt, daß die Hostie in der Eucharistiefeier tatsächlich zum Leib Jesu wird. Damit war die Voraussetzung für die Hostienwunder geschaffen. Die erste faßbare Geschichte, die ein solches Wunder zum Inhalt hat, ist die Gregoriuslegende, die vermutlich noch im selben Jahrhundert ihren Anfang nahm. Das darin geschilderte Mirakel diente zunächst der Bekehrung einer Oblatenbäckerin, die daran zweifelte, daß das von ihr gebackene Brot der Leib Christi werden könne, woraufhin sich die Hostie in ein Stück Fleisch verwandelt haben soll. Im 15. Jahrhundert erfuhr die Erzählung eine Variation, und es erschien statt der blutenden Hostie Jesus selbst.

Das Motiv der Verwandlung bzw. Verlebendigung der Hostie sowie der dadurch bewirkten Glaubensfestigung eines Zweiflers und in leichter Abwandlung die Bekehrung eines Sünders ist also schon in dieser frühen Legende begründet und tritt uns in zahlreichen späteren Fällen wieder entgegen. Die Geschichten der Hostienwunder haben sich größtenteils bis in unsere Zeit erhalten, und auch die Verehrung der Hostien und die Wallfahrten zu den Wunderorten sind noch immer nicht verebbt. Obwohl schon früh Kritik von seiten einiger Katholiken, ab der Reformation vermehrt von seiten der Protestanten geäußert wurde, viel Betrug mit den Wunderhostien betrieben worden war und die Wissenschaftler feststellten, daß es sich bei den Bluthostien um eine rote Bakterienkultur (*Serratia marcescens*) handelt, halten viele Menschen an diesem Wunderwerk Gottes fest.

Lit.: Ernst Breest: Das Wunderblut von Wilsnack (1383–1552). Quellenmäßige Darstellung seiner Geschichte, Berlin 1881; Peter Browe: Die eucharistischen Wunder des Mittelalters, Breslau 1938; P. Raphael M. Börger: Das Wunderbarliche Gut zu Heilig Kreuz Augsburg. 800-jähriges Jubiläum 1199–1999, Augsburg 1999; Wolfgang Brückner: Die Verehrung des Heiligen Blutes in Walldürn. Volkskundlich-soziologische Untersuchungen zum Strukturwandel barocken Wallfahrtens, Aschaffenburg 1958; Johannes Heuser: «Heilig-Blut» in Kult und Brauchtum des deutschen Kulturraumes. Ein Beitrag zur religiösen Volkskunde, Diss. Köln 1948; Karl Kolb: Vom Heiligen Blut. Eine Bilddokumentation der Wallfahrt und Verehrung, Würzburg 1980; Stefan Winkle: Das Blutwunder als mikrobiologisches und massenpsychologisches Phänomen. Beitrag zur Geschichte des Bacterium prodigiosum (Serratia marcescens) und zur Phänomenologie der Intoleranz, in: Das Medizinische Laboratorium 7 (1983), Nr. 9, S. 143–149.

Kornkreise

Immer wieder sorgen seltsame Kreise, Strukturen und Muster auf Getreidefeldern für Aufsehen. Doch worum handelt es sich bei diesem Phänomen eigentlich?

Der erste Bericht über einen Kornkreis ist aus dem Jahr 1678 überliefert. Bei Hertfordshire in England soll ein Mähteufel am Werk gewesen sein, der «es verschmähte, auf herkömmliche Weise zu mähen, und sie [die Haferähren] in runden Kreisen schnitt, mit einer Exaktheit, die zu vollbringen einen Menschen ein ganzes Menschenalter gekostet hätte, indes er nur eine Nacht brauchte». Nachdem das Haferfeld über Nacht in Flammen gestanden hatte, sei es am nächsten Morgen so sauber gemäht gewesen, «wie es kein Sterblicher hätte tun können».

Ebendiese ungewöhnliche Konsistenz der Kornkreise hatte zur Folge, daß man eine übernatürliche Erklärung dafür suchte. In diesem Fall führte man sie auf einen Teufel zurück. Der britische Wissenschaftler Robert Plot hatte bereits ein Jahr vorher die Vermutung geäußert, die Getreideformationen seien eine Folge vom Himmel herabkommender Luftströme.

Heute gibt es unzählige Erklärungsansätze. Seit den 1970er und 80er Jahren nahm die Anzahl von Kornkreisen, nachdem sie vorher nur gelegentlich aufgetreten waren, immens zu. Während sie zunächst aus einfachen Kreisen und Kreiskombinationen bestanden, wurden die Formen in den 90er Jahren immer komplizierter. Das Phänomen war nun nicht mehr auf England beschränkt, auch in den Niederlanden, in Deutschland und anderen Ländern entdeckte man Kornkreise.

Mit der Zunahme der Kornkreise stieg auch die Zahl der Kornkreisforscher an. Viele Skeptiker denken zwar, es handele sich um bloßen Schwindel. Doch dagegen führen die Kornkreisforscher schlagkräftige Argumente an:

- In vielen Fällen gibt es Zeugen, die niemanden auf den Feldern gesehen und, nachdem ihnen kurze Zeit vorher noch alles normal erschienen sei, plötzlich die Formationen entdeckt haben.

Der erste Beleg eines Kornkreises, hergestellt von einem Mähteufel in Hartfordshire 1678

- Die Pflanzen sind so flach gelegt, wie es kein Gerät verursacht haben kann. Sie sind sanft niedergelegt, nicht abgeschnitten oder sonstwie beschädigt.
- Man stellte bei einigen Kornkreisen eine ungewöhnlich hohe Konzentration an Meteoritenstaub fest, was auf «außerirdische» Herkunft schließen läßt.
- Bei Keimungsversuchen, bei denen das Wachstum von Keimen aus Kornkreisen mit Keimen außerhalb der Kreise verglichen wurde, wuchsen die Pflanzen der Keime aus den Kornkreisen bis auf die fünffache Größe heran, als hätten sie einen Energieschub bekommen.
- Die Ähren innerhalb der Kornkreise wiesen bei Untersuchungen im Gegensatz zu den Pflanzen außerhalb der Kreise Anomalien und Deformierungen auf (zum Beispiel verkümmerte Ähren, Biegungen der Wachstumsknoten oder aufgeplatzte Wachstumsknoten).
- Augenzeugen berichten, daß das Korn durch einen Luftstrom niedergedrückt worden sei. Sie beschreiben, daß Sand oder Staub in einer spiralförmigen Bewegung nach oben getrieben

werde und dann auf das Getreide falle. Häufig nahmen sie dabei ein Summen oder Zischen sowie optische Effekte wie Lichtkugeln über den Kornkreisen wahr.

- Mathematische Untersuchungen ergaben, daß die Formationen bestimmten geometrischen Verhältnissen entsprechen. Gerald S. Hawkins wies nach, daß sich die Verhältnisse mit dem Anordnungsschema der weißen Tasten eines Klaviers decken, also einer harmonischen Tonfolge entsprechen.
- Einige Menschen erzählen von einer magischen Anziehungskraft, die von den Kornkreisen ausgeht, und sowohl die Psyche als auch den Körper der Menschen beeinflusse. Sie sprechen entweder im positiven Sinn von Wohlbefinden und einer heilenden Wirkung oder im negativen Sinn von Zuständen des Unwohlseins.

All diese Merkmale sprechen dafür, daß es sich um kein gewöhnliches Phänomen oder einen von Menschen verursachten Schwindel handelt. Für einige Kornkreise konnte man zwar menschliche Verursacher ausfindig machen, andere konnten auf Pilzbefall oder chemische Störungen des Pflanzenwachstums zurückgeführt werden. Doch fand man bei weitem nicht für alle eine solch simple Erklärung.

In den letzten Jahren bemüht sich die Wissenschaft darum, durch verschiedene Experimente das Phänomen zu verstehen. Doch wie die Kornkreise tatsächlich entstehen, konnte bisher noch nicht geklärt werden. So stehen sich zwei Meinungen gegenüber: auf der einen Seite die Skeptiker, die dem Phänomen ablehnend gegenüberstehen, da es wissenschaftlich nicht beweisbar ist. Und auf der anderen Seite diejenigen, die an eine übernatürliche Entstehung der Kornkreise glauben und deshalb einer rein wissenschaftlichen Erklärung gar nicht bedürfen.

Wie die übernatürliche Entstehung der Kreise aussieht, darüber gibt es wiederum unterschiedliche Ansichten. Einige gehen davon aus, daß es sich um das Ergebnis der Kombination mehrerer Erdenergien handelt, die durch Naturgeister zustande kommen. Andere – und das ist heute die gängigste Theorie – meinen,

Kornkreis in Sinsheim aus dem Jahr 2001

die Kornkreise seien auf Außerirdische zurückzuführen. Sie erklären die Formationen als Landeplätze von UFOs, als Orte hoher Energiekonzentration, die einen Kontakt zu anderen Welten ermöglichen, als überirdische Orte, an denen Botschaften aus dem All empfangen werden können.

Einig sind sich alle Befürworter darin, daß es sich um ein übernatürliches Phänomen, eine Art Schnittstelle zwischen der Erde und dem Weltall bzw. anderen Welten handelt. Kornkreise seien ein Beleg dafür, daß es außerhalb der Erde «höhere Mächte» gebe, die mit Hilfe der Kornkreise Kontakt zu den Menschen aufnehmen.

Im Jahr 2002 sind in Deutschland vor allem auf der Insel Rügen und in der Region Kassel, aber auch an vielen anderen Orten Kornkreise gemeldet worden. Die Sichtungen brechen also nach wie vor nicht ab. Neuen Auftrieb bekamen die Kornkreisfans außerdem im selben Jahr durch den Film ‹Signs – Zeichen›, der das Phänomen in die Kinos brachte und damit allgemein bekannt machte.

Lit.: Werner Anderhub und Hans Peter Roth: Das Geheimnis der Kornkreise, Augsburg 2003; Florian Brunner und Harald Hoos: Kornkreise – Rätsel in mystischer Landschaft. Annäherung an ein Phänomen, München 2002; Eltjo Haselhoff: Faszinierende Kornkreise. Wissenschaftliche Forschung und moderne Legendenbildung, München 2001; Jürgen Krönig (Hg.): Und wieder Kornkreise. Die Suche nach Fakten. Und Begegnungen der dunklen Art, Frankfurt am Main 1993; www.kornkreise.de.

Mißgeburten

Neben Himmelszeichen sind Mißgeburten das häufigste Vorzeichen, von dem zu allen Zeiten berichtet wurde. Den Römern galten sie als Prodigien, die den Zorn der Götter anzeigten. Mißgebildete wurden aus der Stadt verbannt, da sie das Gleichgewicht zwischen diesseitiger und jenseitiger Welt störten.

Im Mittelalter galten Mißgeburten als Folge von Sodomie, des Verstoßes von Geistlichen gegen das Zölibat oder des Verkehrs mit dem Teufel. Sie waren böse Omen, die zum Teil dazu führten, daß die Mütter mißgebildeter Kinder als Hexen verbrannt wurden.

Im 16. und 17. Jahrhundert ergötzte man sich sodann an den unterschiedlichen Arten von Mißgeburten, stellte diese öffentlich zur Schau und gab unzählige Flugblätter über sie heraus. Berichtet wird von siamesischen Zwillingen, Menschen mit mehreren Armen, Beinen oder Köpfen, Menschen, aus deren Bauch ein Kind wächst, Kindern mit riesigen Köpfen oder Köpfen ohne Hals, Menschen mit tierischen Körperteilen, behaarten Menschen, Kindern mit fehlenden Körperteilen usw. Sie alle werden in den Flugblättern stereotyp als Wunderzeichen begriffen, das heißt als Zeichen des Zorns Gottes und als Strafe für die Sünden der Menschen.

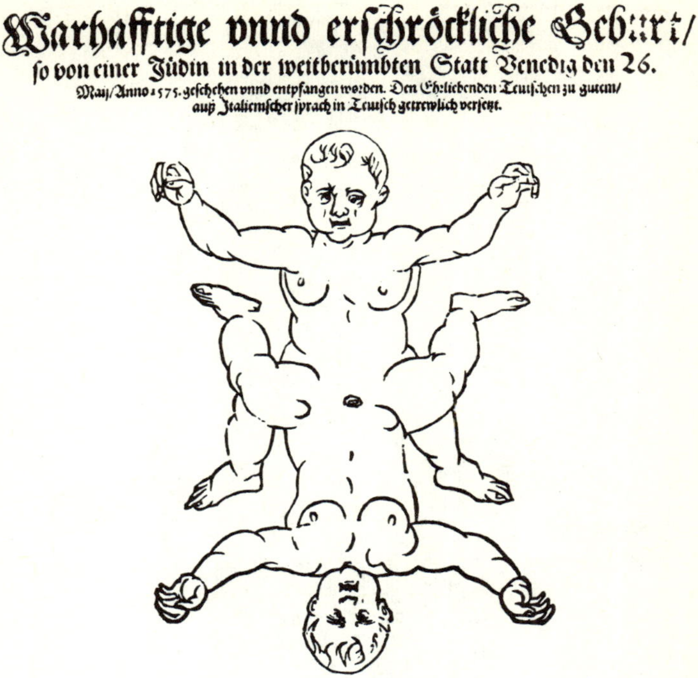

Siamesische Zwillinge, die 1575 in Venedig geboren wurden

Dafür möge stellvertretend die Deutung einer Mißgeburt in einem Flugblatt von Jost Martin 1606 wiedergegeben werden: «Als nun dieß und dergleichen Monstra mit sich bringen und deuten: wiewol vielerley Judicia und meinungen erfolgen möchten: Ist doch diß die Gewisseste, daß wir dadurch unsers Sündhafften Lebens Erinnert, zur Buß vermahnet, und für der Straff gewarnet werden. Darumb wir auch solche Mißgeburt nicht in Wind schlagen, noch verächtlich davon reden solten. Sondern in wahrer Gottesfurcht und Erkendniß Buß thun: damit wir ihm wahren Glauben durch Christum selig werden möchten. Darzu uns Gott allen mit gnaden helffe, Amen.»

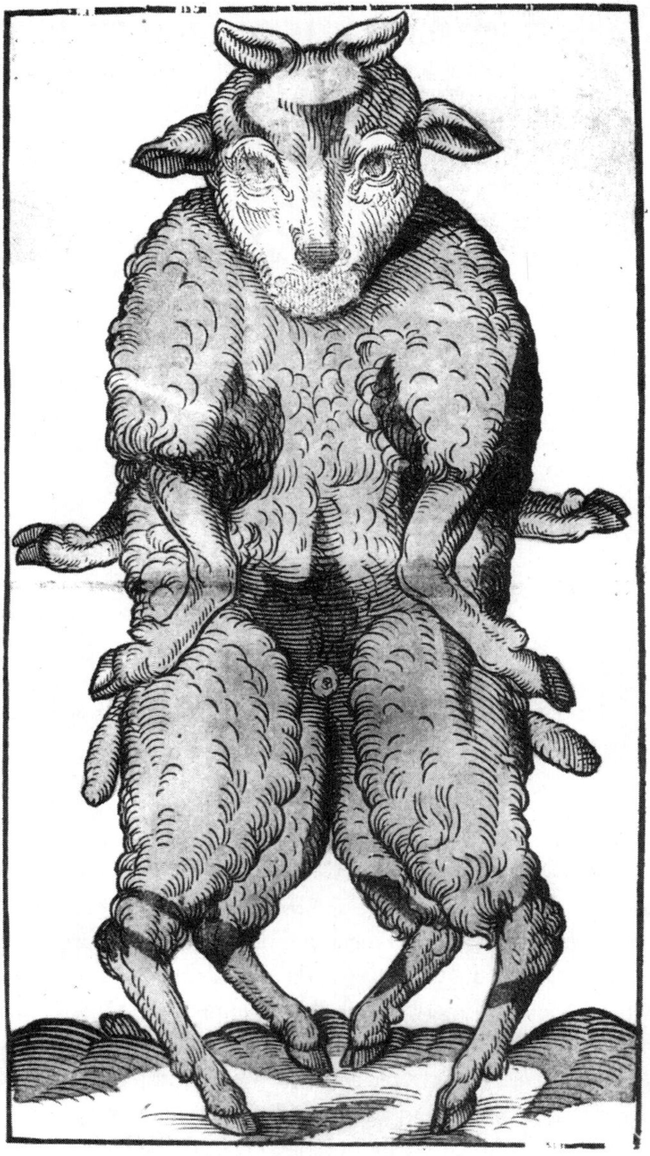

Mißgeburt eines Schafes, das 1578 bei Lüneburg zur Welt kam

Neben menschlichen Mißgeburten gibt es zahllose Berichte über tierische Mißbildungen. Oft sind es bäuerliche Nutztiere wie Kühe oder Schafe, die zusammengewachsen sind oder verschiedene Körperteile doppelt haben. So berichtet Hans Schultes 1587 von einem Kalb «mit zweyen Köpffen, 4. Augen, 4. Ohren, 8. Füssen, hat doch die zween, auff dem Rücken ligen, und zwey hindertheil», Heinrich Stadtländer 1567 von einem «tweköppich Kalff», David de Necker 1555 von einem «Kalbs Kopff», der «zwäy Meuller und Vier Augen, Gehabt» hat, oder ein Flugblatt von 1578 von einem Schaf mit «acht Füssen, vier Ohren, zwey Augen, und einem Maul wie ein Affe».

Andere Tiere haben zwar nicht zu viele, dafür aber mißgebildete Körperteile. So wächst einem Reh, das im Jahr 1580 in Memmingen gesehen wurde, statt «zwey hörnern» ein «Busch» aus dem Kopf. Dieses Reh sei, seitdem ihm der Busch gewachsen war, «so thätig freundlich» gewesen, «das es mit dem Volck auff der gassen, Oder strassen lauffet daher» und die Menschen es, «weil es hat sölch freundliche geper», als «ein wunder erkennen thun». Ein Gewächs aus dem Kopf verunzierte auch zwei Kälber und ein Lamm, die 1693 auf der Insel Fehmarn geboren wurden. Diese sogenannten Kleeblattschädel werden vom Autor des Flugblatts «mit der bei den Damen zwischen 1680 und 1713 so beliebten Fontange» verglichen.

«Perückengeweih» wird die Geweihmißbildung kastrierter Hirsche genannt, die auf einer Störung des männlichen Sexualhormons beruht. Für die Menschen des 16. Jahrhunderts, die von dieser Ursache noch nichts wußten, stellten solche Hirsche eine ungewöhnliche Sensation dar, die auf zahlreichen Flugblättern als wunderbare Neuigkeit verbreitet wurde.

Körperteile verschiedenster Tiere besitzt ein Schaf, das 1567 in der Nähe von Frankfurt am Main geboren wurde. Es hat einen äußerst ungewöhnlichen Kopf «mit zweyen schröckliche grosse Augen, gröser als die Augen eines Hasen», «mit einem langen zipffel darinn ein bain gegriffen wirt», «mit einem weiten offnen auffgesperten Maul, gleich eines Menschen Maul» und einem

Horn, «daran ein nabel hangt gleich wie die Elephanten haben». Daneben hatte es «einen grossen Kropff an der Brust, ist auch groß von geburt gewest, und ungeschickt von Leib weder andere Lämmer». Daß es sich tatsächlich um eine äußerst «seltzame ungewonliche und wunderbarliche gestallt» handelte, wird anhand des Holzschnitts deutlich und kann auch von vielen glaubwürdigen Personen, die zum Teil namentlich genannt werden, bezeugt werden.

Keine Merkmale eines anderen Tiers, sondern diejenigen eines Menschen weist ein Kalb auf, von dem ein Flugblatt von Endres Obermayer 1556 berichtet. Dieses Kalb hatte bei der Geburt «vier Kalbs fueß und ein grossen Menschen Kopff, ein schwartzer Bart, zwey kleine Menschen örlein ein Menschen Prüst und ein Menschen ruck». Seine Erscheinungsweise erinnert an das berühmte Freiberger Mönchskalb, das bereits Anfang des 16. Jahrhunderts für Aufsehen gesorgt hatte.

Egal, um welche Art von Tier und welche Art von Mißbildung an Mensch und Tier es sich handelt: Die Botschaft der Flugblätter über Mißgeburten ist immer dieselbe. Die Menschen sehen nicht die Krankheit, die hinter den Mißbildungen steckt, sondern betrachten diese als wunderbare Zeichen Gottes. Mißgeburten widersprachen der Vollkommenheit der Schöpfung und wurden deshalb als Werk des Teufels betrachtet. Sie seien Zeichen dafür, daß der Teufel die Menschen von Gott weg- und zur Sünde verführe. Zugleich konnten sie als Prüfungen Gottes gewertet werden, der die Menschen auf die Probe stellt, ob sie der teuflischen Versuchung widerstehen.

In den Flugblättern werden lediglich die Mißbildungen beschrieben, eine natürliche Erklärung dafür wird nicht gegeben. Vielmehr gelten die Mißgeburten als Sensationen, die man bestaunen soll. In Ankündigungszetteln aus dem 16. und 17. Jahrhundert wird dazu aufgerufen, sich die zur Schau gestellten Mißgebildeten mit eigenen Augen anzusehen. So heißt es beispielsweise auf einem Ankündigungszettel von 1616, daß «eine Jungfrau, mit Namen Magdalena Emohne», die 1596 ohne Arme und mit einem kleinen Bein mit vier Zehen geboren wurde, in Emden zu sehen sei. Man könne ihr zu essen und zu trinken geben und sich mit ihr auf deutsch, niederländisch, italienisch und französisch unterhalten, da sie all diese Sprachen spreche. Zu der körperlichen Mißbildung kommt in diesem Fall also eine besondere geistige Begabung, die es doppelt wert erscheinen läßt, der Aufforderung, «die Jungfrau ... anzusehen», nachzukommen.

Wie dieses Mädchen erkannten viele mißgebildete Menschen die Möglichkeit, sich mittels ihrer Mißbildung finanzielle Vorteile zu verschaffen, indem sie sich zur Schau stellen. So konnte man bis ins 19. Jahrhundert auf Jahrmärkten und Volksfesten mißgebildete Menschen besichtigen. Erst danach war es aus moralischen Gründen verpöhnt, Mißgeburten als Sensationen anzusehen.

Man war nun vielmehr daran interessiert, sie aus medizinischer Sicht zu betrachten und eine natürliche Erklärung zu finden. Doch schon früher entstanden Abhandlungen, in denen nach Ursachen für die Mißgeburten geforscht wurde, wie zum Beispiel Christoph Irenaeus' Traktat ‹De Monstris. Von seltzamen Wundergeburten› von 1585. Irenaeus bezeichnet ein «Monstrum» als «ein Unnatürliche, seltzame, ungewöhnliche, greuliche und abscheuliche Wundergeburt, so entweder von einem Menschen oder unvernünfftigen Thieren, durch Gottes straffe, und Verhengniß herkompt». Mißgeburten seien *errata naturae*, die «auß uberfluß oder mangel des Samens und Geblüts, darauß sie formirt werden», entstanden seien.

Im 18. Jahrhundert änderte sich die Definition, was eine Mißgeburt sei. So nennt Bernhard Christoph Faust in seiner ‹Anatomischen Beschreibung zweier Missgeburten› von 1780 einen Körper dann eine Mißgeburt, «wenn er so sehr in seinem Bau von dem gewöhnlichen abweicht, daß es jedem Kunstverständigen gleich in die Augen fällt, und diese Abweichungen müssen keinem beständigen und gewissen Gesetze, wie bei den Bastardthieren, unterworfen und wichtig seyn». Seiner Ansicht nach weisen Mißgeburten eine «weise Ordnung und Absicht» auf, die dafür spricht, daß es sich um keine «zufälligen Verwachsungen» handelt.

Samuel Thomas Sömmering möchte in seiner Abhandlung ‹Abbildungen und Beschreibungen einiger Missgeburten› von 1791 mit dem Vorurteil «von der Wirkung der Einbildungskraft, oder das sog. Versehen schwangerer Weiber» aufräumen. Mißgeburten seien kein Zufall, sondern auf Fehler im Gehirn oder Rückenmark zurückzuführen. Sömmering geht wie Faust davon aus, daß Mißgeburten in eine «natürliche Ordnung» zu bringen seien.

Aus derselben Erkenntnis folgert Johann Christoph Zimmer in seinen ‹Physiologischen Untersuchungen über die Mißgeburten› von 1806: «Die treffliche Bemerkung: daß unter vielen Arten von Monstrositäten eine bewunderungswürdige Gleichförmigkeit herrsche, sollte uns um so mehr bewegen, bei jener negativen Bestimmung nicht stehen zu bleiben, sondern den Grund jener Erscheinung, welcher er auch sei, ferner aufzusuchen.» Als mögliche Ursachen gibt er an: «Es liegt nemlich der Grund jener Veränderung der Bildung in den Faktoren der Gattung, daher die Erblichkeit mancher Mißbildungen ... Oder die Ursache der abnormen Bildung liegt in jener äußern Bedingung des organogenischen Prozesses.» Sämtliche Mißgeburten teilt er in vier Klassen ein: «Die erste Klasse begreift diejenigen unter sich, bei denen wesentliche Theile des Körpers zu viel sind. Die zweite, wo wesentliche Theile mangeln. Die dritte, wo weder Theile fehlen, noch überflüßig, sondern wo die normale Lage und Stellung der Theile zu einander verändert ist, und die vierte, wo zugleich Theile fehlen und andere überschüssig sind.» Er entwirft also eine solche Ordnung, die seine Vorgänger bereits theoretisch proklamiert hatten.

Friedrich Tiedemann belegt anhand seiner anatomischen Untersuchungen kopfloser Mißgeburten von 1813, daß diese weder durch Versehen noch durch «äussere Gewaltthätigkeiten» zu erklären seien, sondern es handele sich um «in der Bildung gehemmte Foetus» aufgrund einer «Anomalie und Trägheit des Vegetationsprocesses».

Doch daß auch das Versehen und andere ‹abergläubische› Erklärungen der Ursache von Mißgeburten im 19. Jahrhundert noch vertreten werden, belegt beispielsweise J. P. Rudelts ‹Beschreibung einer kopflosen Mißgeburt› von 1829. Er gibt vier mögliche Ursachen an: «1) So sind es höhere cosmische Einflüsse; denn woher käme es, daß oft zu gewissen Zeiten eine ganze Menge Weiber Mißgeburten zur Welt brächten, so daß diese Abnormität oft epidemische Natur annimmt. ... 2) So kann das sog. Versehen der Schwangern ein veranlassendes Moment seyn, welches Versehen gewöhnlich entsteht, wenn Weiber von irgend einer äußern oder auch innern Vorstellung plötzlich und starl afficirt werden ... 3) Der Akt der Zeugung; indem wir sehen, daß sich nicht nur Fehler der Eltern forterben, sondern auch der Zustand der Zeugenden im Akte selbst den größten Einfluß auf das Produkt hat, so erzeugen zum Beispiel berauschte Eltern blödsinnige Kinder ... 4) Ferner Leidenschaften und Affekte, schlechte Nahrung und Wohnung, ungesunde Atmosphäre während der Schwangerschaft.»

An dieser Aufstellung wird deutlich, wie viele unterschiedliche Ursachen für Mißbildungen der Verfasser bereits im 19. Jahrhundert zu nennen weiß. Wichtig ist, daß man Mißgeburten nun nicht mehr als Strafen Gottes betrachtete, sondern als krankhafte Erscheinungen aufgrund bestimmter äußerlicher Begebenheiten.

Heute geht man davon aus, daß die mütterliche Psyche indirekt auf den Fötus einwirken kann, indem eine länger dauernde Erregung oder Streßsituation auf dem Umweg über eine somatische Reaktion des mütterlichen Organismus' schädigend auf die Frucht wirkt. Daneben können Mißbildungen durch Krankheiten der Mutter, durch Alkohol-, Nikotin- und Drogengenuß bewirkt oder auch genetisch bedingt sein. Da man solche Reaktionen trotz genmanipulatorischer Möglichkeiten nicht steuern kann, kommt es nach wie vor zu Mißbildungen. Aufgrund medizinischer Möglichkeiten können manche von ihnen nach der Geburt geheilt werden. Einige Fälle werden in der Presse publik gemacht, so etwa wenn Mediziner versuchen, siamesische Zwillinge zu trennen. Doch wenn die Trennung glückte spricht man höchstens noch von einer Sensation und nicht mehr von einem göttlichen Zeichen.

Lit.: Irene Ewinkel: De monstris. Deutung und Funktion von Wundergeburten auf Flugblättern im Deutschland des 16. Jahrhunderts, Tübingen 1995; Eugen Holländer: Wunder, Wundergeburt und Wundergestalt in Einblattdrucken des fünfzehnten bis achtzehnten Jahrhunderts: kulturhistorische Studie, Stuttgart 1921; Hans A. Jenny: Das haarsträubenste Panopticum. Die exquisitesten «Supertiere». Erschröcklich! Fabulös! Basel 1996; Hans Scheugl: Showfreaks und Monster, Köln 1974; Gisela Wahl: Zur Geschichte der ätiologischen Vorstellung über die Entstehung von Mißgeburten, Diss. Düsseldorf 1974.

Nahrungswunder

Wunderbare Nahrung tritt vorwiegend in zwei verschiedenen Formen auf: als Korn, das vom Himmel regnet, und als mehlartige Substanz, die in der Erde gefunden wird.

Als ‹Prototyp› der **Kornregen** kann der biblische Mannaregen gelten, von dem das Buch Moses berichtet. Dort heißt es, Gott habe für die Israeliten in der Wüste Brot regnen lassen, um sie am Leben zu erhalten. Während des gesamten Mittelalters hielt man an der übernatürlichen Erklärung des Kornregens als göttlichem Mannaregen fest, was aus entsprechenden Illustrationen in Blockbüchern und *Bibliae pauperum* hervorgeht. Wie Gott dort die Israeliten vor dem Hungertod bewahrt hat, so glaubte man auch in den schweren Zeiten der großen Hungersnöte an eine Hilfe Gottes.

Diese Interpretation ist auch auf frühneuzeitlichen Flugblättern anzutreffen. Im 16. Jahrhundert sorgten vor allem drei Jahre mit einem wunderbaren Kornregen für Aufsehen: 1550, 1570 und 1580. Der erste Kornregen fand am 23. März 1550 bei Klagenfurt in Kärnten statt. Die Höhe des Niederschlags wird in einem Flugblatt mit der Dicke «einer zwerchen handt», seine Farbe mit «etlichs braun, und etlichs wyß» beschrieben. Das Korn wurde aufgesammelt, gemahlen und «zu gutem wolgeschmackten Brot gebachen», konnte also wie ‹echtes› Korn zur Nahrungszubereitung verwendet werden. Das Korn sei «in vil Landt» geschickt

Flugblatt von Stefan Hamer über einen Kornregen in Thüringen 1550

worden, so daß viele Menschen an dem «groß Wunderwerck Gottes» teilhaben konnten. Auf eine Auslegung verzichtet der Autor mit dem Hinweis: «Was aber solchs Himmelkorn bedüt, ist Gott allein bewüßt.» Der Begriff «Himmelkorn» macht bereits deutlich, daß man das herabgeregnete Material nicht für eine ‹irdische Getreidesorte›, sondern für ein Korn überirdischer Herkunft hielt.

Sehr großes Aufsehen erregte der Kornregen, der am 14. Juni 1570 gleich an drei Orten niedergegangen sein soll, nämlich in Zwispalen in Österreich, in Ried in Bayern und in Mattighofen in der Grafschaft Ortenburg. Die Bilder zweier Flugblätter, die von diesem Kornregen berichten, zeigen riesige Körner in der Luft und am Boden sowie Menschen, die diese aufsammeln. In der Überschrift wird betont, daß es sich zwar um eine «wunderseltzame geschicht» – also ein nichtalltägliches Ereignis, das nur als Wunder gedeutet werden kann – handelt, die jedoch «warhafftig» stattgefunden hat und «von etlichen namhafftigen Personen» beobachtet wurde. Dem «Himmelskorn» wird hier eine doppelte Bedeutung zugesprochen: Es steht sowohl für irdische Nahrung als auch im übertragenen Sinn für den Beistand Gottes im diesseitigen wie auch im jenseitigen Leben.

Diese beiden Deutungsarten führt Johann Beck in seinem Flugblatt über den Kornregen in Brandenburg vom 28. April 1580 sehr ausführlich aus. Auch er geht davon aus, daß Gott «gar keinen verlassen will» und den Menschen durch das Korn helfen, sie zugleich jedoch auffordern will, ihm zu folgen, damit er auch «den Segen darnach» gibt. Beck geht jedoch noch über diese religiöse Deutungsebene hinaus. Er beklagt sich nämlich zugleich über den Geiz und die Halsstarrigkeit vieler reicher Leute, die das «Koren die völl haben» und damit «ihren muth willn» treiben und die Armen «schindn und schaben». Statt dieses egoistischen Verhaltens sollte man nach Meinung Johann Becks lieber «die Theuren Gottes Gaben ... Gebrauchen unserm Negsten zu gut».

Im 17. Jahrhundert finden sich in der periodischen Presse einige Berichte über Kornregen, wie beispielsweise in der Münchner ‹Mercurii Relation› Nr. 20 aus dem Jahr 1694, die von einem Korn-, Hafer-, Bohnen- und Erbsenregen berichtet. Solch ein vielfältiger Nahrungsregen ist bereits aus den Jahren 1571 und 1599 überliefert. 1571 berichtet eine Flugschrift von «Rüben, Erbes» sowie «Weitzen und Rocken», aus dem das Volk «schön Brodt» gebacken habe. 1599 seien während eines Unwetters «Weitzen, Erbsen und Wicken» vom Himmel gefallen. Daß es sich um keine normalen Nahrungsmittel, sondern um etwas Besonderes, nämlich ein Wunder Gottes, handelt, beweisen die «Angesichter», die man auf einigen Erbsen zu erkennen glaubte.

Daß das Thema auch im 18. Jahrhundert nicht in Vergessenheit geraten ist, belegt eine Flugschrift aus dem Jahr 1741, die neben «wundernswürdigen Weitzen- Korn- und Hafer-Stauden» von einem Kornregen bei Görlitz berichtet. Auch hier erweist sich das Brot, das aus dem Korn gebacken wurde, als wohlschmeckend, allerdings mit einer Einschränkung: Es ist nur für Menschen, nicht aber für Tiere bekömmlich. Diese Tatsache wird so gedeutet, daß Gott das Korn nicht für Tiere, sondern eben nur für Menschen bestimmt hatte.

Die Frage, um was für ein Getreide es sich bei den Kornregen handelt und wie sich der Niederschlag erklären läßt, scheint die

Menschen erst ab dem 18. und verstärkt ab dem 19. Jahrhundert interessiert zu haben. Erst jetzt begann man, Proben des Korns wissenschaftlich zu analysieren.

Der erste, der auf einer ‹Reise durch verschiedene Provinzen des Rußischen Reichs› eine Flechte beobachtete, die als wahre Ursache des Kornregens fungieren könnte, war Peter S. Pallas. In seinem Reisebericht von 1776 schreibt er «von den Sagajischen Tataren», daß sie «allerley Wurzeln und Gewächse» ausgraben und diese essen. In seinem ‹Verzeichniß aller wilden Wurzeln und andrer Eßwaaren aus dem Pflanzenreiche›, welche die Tartaren essen, zählt er die einzelnen Wurzeln auf und beschreibt ihre Zubereitungsart. Die Wurzeln werden zunächst gereinigt, dann mit Wasser leicht aufgequollen und schließlich gedörrt. Vor dem Essen werden sie gekocht, gebraten oder gesiedet und meist zu Milchgerichten weiterverarbeitet. Sie schmecken dann «fast wie ein roher Teich von Waizenmeel, Wasser und Eiern und sind ziemlich unverdaulich». Im Anhang liefert Pallas die erste realistische Abbildung einer solchen eßbaren Flechte, die er als *Lichen esculentus* (= eßbare Flechte) bezeichnet.

Ein Naturwissenschaftler, der ähnliche Untersuchungen wie Pallas vornahm und die Flechte ebenfalls *Lichen esculentus* nannte, war Eduard Eversmann. In seinem Aufsatz von 1831 geht er jedoch einen Schritt weiter als Pallas und kommt zu dem Ergebnis, daß es sich bei dem «Korn» um eine ganz spezielle Flechtenart, nämlich die sogenannte *Lecanora esculenta*, handelt. Die Besonderheit dieser Flechte liege im «gänzlichen Mangel eines Anhaftungspunkts», der eine Verbreitung über große Entfernungen hinweg ermögliche.

Den Namen «Manna-Flechte» verdankt die Pflanze Heinrich Wilhelm Reichardt, der sich in seinem Aufsatz ‹Ueber die Manna-Flechte› von 1864 mit der Flechte beschäftigte. Als Verbreitungsgebiet gibt er das Gebiet «von den Steppen der Kirgisen bis nach Kleinasien ja bis nach Sebastpol» an. Aus der chemischen Analyse, die «oxalsauren Kalk» als Hauptbestandteil der Flechte erkennen ließ, schließt er, «dass somit ein aus ihr gebackenes Brot weder besonders nahrhaft noch wohlschmeckend sein kann». Das wichtigste Merkmal der von ihm so genannten Mannaflechte sieht er wie seine Vorgänger darin, daß sie «jahrelang von ihrem Boden losgelöst und vom Winde hin- und hergerollt fort vegetiren» kann.

Ebendieses Merkmal der Pflanze scheint auch für ihr Vorkommen in den auf den Flugblättern genannten Gegenden ausschlaggebend zu sein. Denn wenn sie nicht jahrelang vom Boden losgelöst leben könnte, würde sie nicht den weiten Weg von Afrika oder Asien nach Europa schaffen. Da sie durch Regen und Wind weitergetragen wird, ihr Erscheinen also immer mit diesen Witterungserscheinungen verbunden ist, ist es auch nicht verwunderlich, daß man ihr Auftreten im 16. Jahrhundert als «Regen» bezeichnet. Außerdem erklärt die Herkunft der Flechte die Interpretation der Kornregen als etwas Wunderbares, Außergewöhnliches. Denn die Pflanze war in Europa bis dahin nicht bekannt und mußte deshalb als etwas Besonderes betrachtet werden.

Nach heutigen Ordnungssystemen zählt die Flechtengattung *Lecanora* zur Familie der *Lechanoracheae*, den sogenannten Krustenflechten. Obwohl eine Unterscheidung von anderen Krustenflechten nur mit dem Mikroskop möglich ist, differenziert man die Gattung in der heutigen Biologie noch weiter. Interessant dabei ist jedoch, daß eine Untergattung *Lechanora esculenta* im heutigen Ordnungssystem nicht mehr auftaucht. Man weist den einzelnen Untertypen nun Merkmale zu, die das Aussehen der Pflanzen betreffen, wohingegen das Merkmal der Eßbarkeit nicht mehr als Gliederungskennzeichen verwendet wird. Die Nahrhaftigkeit der Flechte, die in frühen Berichten als das wichtigste Merkmal aufgefaßt worden war, ist später immer mehr umstritten und verschwindet schließlich ganz aus dem Betrachtungsfeld.

Berichte über **Mehlwunder** sind wie diejenigen über Kornregen vor allem auf Flugblättern aus dem 16. Jahrhundert überliefert. Ein Flugblatt von Bartholomäus Käppeler berichtet von einer «nit erhörten Wunderthat», die sich am 22. Mai 1590 zugetragen haben soll. Käppeler stellt die Hauptperson dieses Vorfalls als «armen und einfältigen», «Gotsfürchtigen arbeitsamen Mann» vor. Das Mehlwunder ist also für arme Menschen gedacht, die tugendhaft sind und ein gottgefälliges Leben führen. Dieser Mann hat eine Frau und drei Kinder, die er «armuthalben» aufgrund der großen «Theurung» nicht mehr ernähren kann. Auch als sie gar kein Brot mehr bekommen können, gibt der Mann jedoch nicht auf. Sein Vertrauen auf Gott hilft ihm, seine Resignation zu überwinden und aktiv tätig zu werden: Er macht sich auf den Weg, um «Leim zu graben», den er gegen Brot oder Geld eintauschen möchte. Statt des Leims findet er aber «vier grosse stück, einer schneweisen Materi». Die Leute, denen seine Frau die «Materi» zeigt, stellen fest, «das die Materi gar ein herrlich guot Mehl war», aus dem man Brot, Knödel und Brei herstellen konnte. Daraufhin pilgern zahlreiche Menschen zum ‹Ausgrabungsort› und fangen selbst zu suchen an. Allerdings scheint das Mehl nicht für alle Menschen bestimmt zu sein: «Den frommen, und sonderlich armen Leuten zu nutz wirdt, denn sie sich sambt iren Kindern davon erhalten: Leichtfertigen aber und spöttischen, alsbald sie es in die Hand nemen, verkehrt es sich inn die Stein oder den Sandt.» Es scheint sich also um ein Wundermehl zu handeln, das die Gesinnung der Menschen, die es ausgraben, erkennen und sich dieser anpassen kann. Die Mehlwunder sind somit ein Beweis für die «unaußsprechliche Barmhertzigkeit», die Gott den Armen, vor allem armen Familien mit «kleinen Kindlein», zuteil werden läßt.

Von einem ähnlichen Mehlwunder, das sich am 10. November 1594 in einem Dorf bei Würzburg ereignete, berichtet ein weiteres Flugblatt von Bartholomäus Käppeler. Der Holzschnitt zeigt auch in diesem Fall den Fundort sowie zahlreiche Menschen, die dahin unterwegs sind und das Mehl in Körben und Säcken abtransportieren. Wie im vorigen Flugblatt ist der Entdecker des Mehls ein Familienvater, der Frau und Kinder zu ernähren hat und von Beruf «Seuhirdt» ist. Er findet das Mehl jedoch nicht selber, sondern wird aufmerksam, als er seine Schweine «mit grosem suchen … mit grossem wühlen bey einander gefunden». Als er nachsah, stellte er fest, «das die Schwein das Meel herfür gewült haben». Der Schweinehirt erkennt sofort, daß Gott ihm damit «ein mittel gesendt haben, sich sein Weib und Kinder, in diser Armut zu erhalten». Deshalb bringt er das Mehl nach Hause, wo daraus «ein wolgeschmacks Brodt» gebacken wird, und berichtet seinen «Nachbaren und ander Leuten» von dem Fund, die sodann ebenfalls Mehl ausgraben und zu Brot verarbeiten.

Im 18. Jahrhundert beginnt man nach natürlichen Ursachen der Mehlwunder zu fragen. So versucht der anonyme Autor eines ‹Send-Schreibens› von 1750 der Frage nachzugehen, «Was es, mit dem vermeinten Mehle, welches izo, unweit Auerstädt, aus der Erde, hervor kömmt, für eine Bewandtnüß habe?». Was er von dem Mehlwunder hält, wird schon an seiner Beschreibung des Ereignisses deutlich: «Es kömmt, an gedachtem Orthe, sonderlich des Nachts, eine weisse Materie, aus der Erde, in kleinen Häufflein, wie quellend, hervor, welche dem Mehle, äuserlichem Ansehen nach, allerdings sehr ähnlich siehet. Wofür es auch der leichtgläubige Pöbel, nicht allein annimmt, sondern es sogar für ein Wunder, ja, für eine Vorbedeutung bevorstehender Theurung, oder weiß nicht was für Unglücks, außdeutet; mit Beziehung, auf alte Mährlein, da sich ein gleiches, bey eben solchem Erfolge, ereignet. Manche darunter haben wohl die verwegne Neugier gehabt, es zu backen und zu genüssen.» In dieser Schilderung ist nichts mehr von dem Mitleid mit den armen Menschen, die kurz vor dem Verhungern stehen, zu spüren. Im Gegenteil: Die Leichtgläubigkeit und «verwegne Neugier» der Menschen, die das «Mehl» als Nahrung und den Fund als «Wunder» betrachten, werden sogar verspottet.

Nach diesen Vorbemerkungen folgt der Versuch einer natürlichen Erklärung des Auerstädtischen Mehls: «Dem äuserlichen Ansehen nach, sollte man es schier für Mehl halten; allein, dem Geruche nach, indem es fast keinen hat, kömmt es keinesweges damit überein. Und im Fühlen, so wohl auf der Zunge, als zwischen den Fingern, verspühret man sogleich etwas sandigtes mit unter; auch habe ich ihm sonst keinen Geschmack abgewinnen können.» Seine empirische Untersuchung ergab also, daß es sich um kein Mehl handeln kann. Er konnte jedoch nicht feststellen, was es statt dessen ist. Eine Anregung erhielt er von einem «Bauersmann», der als Herkunft des Mehls die Wurzel eines hohen Schilfs angibt, «die ein solches Mehl enthielte» und durch Maulwürfe an die Erdoberfläche befördert werde. Ein vom Autor befragter «Natur-Verständiger» kommt jedoch zu dem Schluß, «daß es nichts anders, als Kalck, sey». Es sei deshalb gefährlich, davon zu essen, «weil es, wie Stein, im Magen, liegen, und unfehlbar Kranckheiten nach sich ziehen müsse». Aus dieser Erkenntnis schließt der Autor nun, «daß das Auerstädtische Mehl, weder würckliches Mehl, noch etwas besonders ausserordentliches, vielweniger gar ein Wunder sey».

Als natürliche Erklärung kommt neben der Deutung des Materials als Kalk noch eine andere Theorie in Frage, die Johann Gottlieb Gleditsch 1775 vorstellte. Er bezeichnet die von ihm untersuchte «mehlige Erde» als «Ammel- Kraft- oder Stärkmehl». Dieses Mehl stammt laut Gleditsch aus «Pflanzenmischungen», in denen «sich bisweilen ein recht beträchtlicher offenbarer Antheil einer groben, oder auch zugleich einer dabey befindlichen feinern, besonders erzeugten mehlartigen Erde» zeigt. Aufgrund der chemischen Bestandteile der Pflanzen kommt er zu dem Schluß, daß man das Mehl als «Oel, oder zur Speise und Arzeney» verwenden könne. Damit würde er im Gegensatz zum Autor des Sendschreibens den Menschen recht geben, die das Mehl zur Nahrungszubereitung verwendet haben. Er führt diese Verwendungsmöglichkeit jedoch nicht auf ein Wunder Gottes zurück, sondern auf die natürliche Beschaffenheit des Materials. Als Herkunft gibt er bestimmte Pflanzenarten an.

Die Außergewöhnlichkeit der Erscheinung veranlaßte Naturforscher des 18. Jahrhunderts also zu untersuchen, worum es sich bei dem «Mehl» wirklich handelt, um schließlich eine Unterscheidung zwischen echtem Mehl und den ausgegrabenen pflanzlichen Substanzen zu ermöglichen. Heute würde man eine solche

Art von pflanzlichem Material jedoch wie die Flechten der Kornregen kaum mehr als eßbar und schon gar nicht als Wunder einstufen.

Lit.: Rolf Wilhelm Brednich: Die Überlieferung vom Kornregen. Ein Beitrag zur Geschichte der frühen Flugblattliteratur, in: Helge Gerndt und Georg R. Schroubek (Hg.): Dona Ethnologica. Beiträge zur vergleichenden Volkskunde, München 1973, S. 248–260; Hans Martin Jahns: Farne, Moose, Flechten Mittel-, Nord- und Westeuropas, München u. a. [3]1987; Georg Masuch: Biologie der Flechten, Heidelberg/Wiesbaden 1993.

Naturkatastrophen

Erdbeben, Vulkane, Überschwemmungen, Stürme und Unwetter lösten bei den Menschen seit jeher Angst und Schrecken aus. Aus dem Alten Testament ist uns die Geschichte der Sintflut überliefert, die die gesamte Erde überflutet und aus der sich nur Noah mit seiner Familie und zwei Exemplaren jeder Tierart gerettet haben soll. An dieser biblischen Geschichte wird deutlich, welch verheerende Folgen eine Naturkatastrophe haben kann.

Schon in der Antike versuchte man, diesem Unheil wenigstens theoretisch Herr zu werden, wenn man ihm schon in der Praxis machtlos ausgeliefert war. Man wollte erklären, wie die einzelnen Naturkatastrophen entstehen.

Zur Erläuterung von Erdbeben stellte Thales von Milet die Theorie auf, daß die Erde auf Wassermassen ruhe und durch die Erschütterungen dieser Wassermassen in Bewegung gebracht werde. Andere Gelehrte wie Aristoteles gingen davon aus, daß Erdbeben durch Luft oder Dämpfe entstünden, die in unterirdischen Hohlräumen eingeschlossen seien. Auch durch den Einsturz solcher unterirdischen Höhlen könne die Erde beben.

Vulkane werden mit ähnlichen Modellen wie Erdbeben erklärt. Man ging davon aus, daß das Erdinnere von Hohlräumen durchzogen ist, in dem sich Wasser, Luft oder Feuer befinden. Durch chemische Reaktionen dieser Elemente komme es zu Vulkanausbrüchen.

Überschwemmungen waren einfach zu erklären. Starker Wind, Regen oder Tauwetter konnten dafür verantwortlich sein. Stürme wiederum würden durch Luftbewegungen auf der Erde verursacht. Genauer untersuchen konnte man sie erst nach Erfindung des Barometers im Jahr 1643, da man nun aufgrund des Luftdrucks Unwetter im Detail spezifizieren und sogar vorhersagen konnte.

Die Alltagsvorstellung unterschied sich jedoch deutlich von diesen wissenschaftlichen Erklärungsmodellen. So machten die Griechen in der Antike beispielsweise für die Erdbeben den Zorn des Meeresgottes Poseidon verantwortlich. Und auch für andere Unwetter und Naturkatastrophen war ein Gott zuständig, der schlechtes Verhalten bestrafte. Den Menschen galten Naturkatastrophen also bereits seit der Antike als wunderbare Zeichen und nicht als die natürlichen Phänomene, wie sie die Gelehrten erklärten.

Besonders deutlich wird dies an zahlreichen Flugblättern und Flugschriften aus der Frühen Neuzeit, die von Naturkatastrophen berichten. Von einem Erdbeben in Ferrara und Florenz handelt ein Flugblatt von 1570. Es wird beschrieben, wie «greulich» und «jämmerlich» es dabei zugegangen sei, Gebäude seien eingestürzt, Menschen getötet worden. Was das zu bedeuten habe, kommentiert der Autor im Anschluß an die Beschreibung des Ereignisses: «Welche erschröckliche greuliche Geschicht, von uns Christen solte billich mit forcht und zittern zu hertzen genommen werden, und fürnemlich darauß betrachten, den greulichen grimmigen zorn Gottes, welchen Gott der Herr, an disen Stetten und orten, umb ihre Sünd und Laster erzaigt hat, Ja auch uns allhie in unsern Landen, die wir auch mit manigfaltigen Sünden umbgeben seind, zu Ebenbild, warnung, und Spiegel dargestelt.»

Auf dieselbe Weise werden Vulkane gedeutet. Vor allem über Vesuv und Ätna findet man auch in Deutschland immer wieder Berichte. Meist ist jedoch nicht von Vulkanausbrüchen, sondern

Augsburger Flugblatt über eine Hochwasserkatastrophe in Norddeutschland im Jahr 1570

von Erdbeben und Feuer die Rede. Die verheerenden Folgen werden auf ähnlich anschauliche Weise wie bei den Erdbeben beschrieben. Doch dann weisen die Autoren der Texte darauf hin, daß es sich um ein Zeichen Gottes handele. Ein solches «Zeichen der Ungedult, so die Berg und Felsen uber der Menschen Sünde haben und tragen», müsse als Warnung betrachtet werden, da sonst «die Erde unter uns ihren Rachen auffthut, und lebendig verschlingt». Die Vulkanausbrüche sind also erst der Anfang: Falls die Menschen sich nicht bessern, werden sie von der Erde ganz verschlungen.

Dieses Deutungsmuster liegt auch den Berichten über Überschwemmungen zugrunde. Den großen Schaden, der durch diese Naturkatastrophen entsteht und in den Flugblättern ausführlich beschrieben wird, führt man auch hier auf die Bestrafung der menschlichen Sünden zurück. Oft taucht die Bezeichnung «Sündflut» auf, eine Volksetymologie, die einen Zusammenhang zwischen den Fluten und den Sünden der Menschen herstellt. Es wird darauf hingewiesen, daß Überflutungen in der Bibel für den Jüngsten Tag angekündigt sind und Überschwemmungen deshalb Vorboten dieses Tages seien. In einem Flugblatt über eine «springflota» bei Hamburg 1616 tritt als zusätzliche Verdeutlichung des zeichenhaften Charakters ein «Grausames abscheiliches Monstrumb, oder Meerwunder» auf, das die Worte «Wee den Menschen» auf dem Rücken trägt.

Schließlich gelten auch Stürme und Unwetter den Menschen als Zornzeichen Gottes, wie zum Beispiel die «grausamen Sturmwinde und Wassergüsse», die sich von Dezember 1612 bis Januar 1613 an vielen deutschen Orten zugetragen haben sollen, wie wir aus einer Flugschrift von 1613 erfahren. Der Sturm habe großen Schaden angerichtet, zahlreiche Gebäude zerstört und Menschen in den Tod gerissen.

Dieses Unwetter wird wie alle Arten von Naturkatastrophen als großes Unheil betrachtet, das Gott den Menschen schickt, um sie für ihre Sünden zu bestrafen. Zugleich werden sie ermahnt, in Zukunft christlich zu leben, da sonst noch schlimmeres Unheil nachfolge.

Naturkatastrophen werden in der Frühen Neuzeit also in zweifacher Hinsicht als Zeichen interpretiert: Sie bedeuten zum einen selbst bereits Unheil und sind damit Ausdruck göttlichen Zorns. Zum anderen sind sie Vorzeichen künftigen Unheils, da sie eine erste Stufe potentieller völliger Zerstörung verkörpern, die eintreten wird, falls die Menschen sich nicht bessern.

Diese Deutung ist typisch für das 16. und beginnende 17. Jahrhundert. Dann ändert sich die Einstellung der Menschen jedoch. Wie oben bereits erwähnt, konnten nun mit Hilfe von Meßinstrumenten und wissenschaftlichen Methoden die Naturkatastrophen analysiert und damit objektiviert werden. Man versuchte, sie mit der Vernunft zu erfassen und aus dem scheinbaren Chaos eine Ordnung zu entwickeln.

Dies wird beim Erdbeben von Lissabon 1755 besonders deutlich. Dieses Erdbeben erregte in ganz Europa großes Aufsehen

Nürnberger Flugblatt über ein verheerendes Unwetter, das sich 1578 in Ungarn zutrug

und zog unzählige Diskussionen nach sich. Die einen interpretierten es – wie früher – als Strafe Gottes, die anderen versuchten anhand dieses Erdbebens, das Phänomen endlich naturwissenschaftlich zu fassen. Viele betrachteten es als Beleg gegen Leibnitz' These von der besten aller möglichen Welten. Weil es die Basis, das Weltbild des Menschen selbst betraf, rief es eine solch weitreichende Reaktion hervor.

Auch wenn die Zeicheninterpretation nach wie vor geläufig war, ging man seit dieser Zeit weniger emotional mit den Naturereignissen um und betrachtete sie zunehmend als objektive Tatsachen. Dies belegt ein Blick in die Zeitungen aus dieser Zeit. In der ‹Augsburgischen Ordinari Postzeitung› vom 11. Januar 1770 heißt es beispielsweise: «Am 27. Nov. Nachmittags entstand hier ein plötzlicher Stum aus N. N. O. der mit Hagel und Schnee begleitet war, und die Häuser, wie von einem Erdbeben erschüttert. Das Wasser stieg dabey auf eine ungewöhnliche Höhe, und trieb alle bey Oeland liegende Fehrböte und einen grossen Theil

Brücken auf 300. Ellen weit aufs Land, wobey auch ein Kronhucker, der auf der Rhede vor Anker lag, auf den Grund getriben wurde und sank, so das von 15. Seelen nur 2. geborgen sind. Zwey andre Schiffe, die hier vor Anker lagen, verlohren die Masten und Segel. Ueberhaupt ist durch diesen Sturm in unsern Gegenden vieler Schade geschehen.»

Für jedes Phänomen versuchte man nun, eine wissenschaftliche Erklärung zu finden. So stellte man Erdbeben im 19. Jahrhundert in direkten Zusammenhang mit vulkanischen Tätigkeiten. Unter dem Einfluß der Newtonschen Mechanik brachte man Erdbeben mit Wellen, die durch die Gesteine laufen, in Verbindung. Ab den 1870er Jahren setzte sich sodann die Erkenntnis durch, daß Erdbeben auf Verschiebungen der Erdkruste zurückzuführen sind. Die Ende des 19. Jahrhunderts gegründete Seismologie (Wissenschaft von den Erdbeben) machte in den hundert Jahren ihres Bestehens enorme Fortschritte in der Entschlüsselung dieses Naturereignisses.

Vulkane wurden zwar noch lange mit Hilfe chemischer Reaktionen erklärt, doch setzte sich in der zweiten Hälfte des 19. Jahrhunderts allmählich die physikalische Theorie durch, die mechanische Prozesse für die Vulkanausbrüche verantwortlich machte. Unter einem Vulkan versteht man heute ein geologisches Gebilde, das an der Erdoberfläche durch den Ausbruch magmatischer Stoffe entsteht. Als Ursprung der vulkanischen Kräfte gelten Ansammlungen von Magma, d.h. natürlich vorkommenden glühend-flüssigen Gesteinsschmelzen, in 10–20 km Tiefe.

Ab dem Ende des 18. Jahrhunderts begann man damit, Wetterbeobachtungen durchzuführen, um Material für Wettervorhersagen zu gewinnen. Diese wurden im 19. Jahrhundert dann noch großflächiger durchgeführt, außerdem wurde der Windstärkemesser erfunden. Dadurch war es möglich, genaue Aufschlüsse über die Bewegung der Luftmassen zu geben und damit Unwetter zu prognostizieren.

Und dennoch: Selbst heute können Unwetter noch nicht mit der nötigen Exaktheit vorhergesagt werden, Frühwarnsysteme sind noch nicht ausgereift, und Katastrophenschutz wird oft vernachlässigt. So leben auch heute die Menschen immer wieder in der Angst vor Erdbeben, Vulkanausbrüchen, Überschwemmungen, Stürmen und Unwettern. Nahezu täglich erhalten wir Nachrichten von Naturkatastrophen überall auf der Welt. Erdbeben und Vulkanausbrüche können mittlerweile ziemlich genau vorhergesagt werden. Doch meist helfen die getroffenen Gegenmaßnahmen dennoch nicht aus, um das Unheil zu verhindern. Vor allem Stürme und Überschwemmungen machten den Menschen in den letzten Jahren schwer zu schaffen. So brachte die «Jahrhundertflut» vom August 2002 die betroffenen Menschen an den Rande des Ruins. Verantwortlich für derartige Naturkatastrophen sind globale Prozesse wie die ständig fortschreitende Klimaveränderung, die noch lange nicht vollständig erforscht sind.

Lit.: Bruce A. Bolt: Erdbeben. Schlüssel zur Geodynamik, Heidelberg/Berlin/Oxford 1995; Hans-Günther Körber: Vom Wetteraberglauben zur Wetterforschung, Innsbruck/Frankfurt am Main 1987; Erich J. Plate und Bruno Merz (Hg.): Naturkatastrophen. Ursachen, Auswirkungen, Vorsorge. Stuttgart 2001; Alfred Rittmann: Vulkane und ihre Tätigkeit, Stuttgart ^{3}1981; Andreas Schmidt: «Wolken krachen, Berge zittern, und die ganze Erde weint ...» Zur kulturellen Vermittlung von Naturkatastrophen in Deutschland 1755 bis 1855, Münster u. a. 1999; Götz Schneider: Naturkatastrophen, Stuttgart 1980.

Prophezeiungen

Propheten kommen dem Bedürfnis der Menschen entgegen, ihre Zukunft bestimmen und lenken zu können. Sie sagen Ereignisse der Zukunft vorher, was mit normalen Mitteln der menschlichen Erkenntnis nicht möglich ist. Meist verheißen sie Unheil, Zerstörung, das Weltende und raten deshalb zu einer Abkehr von bisherigen Verhaltensweisen.

Orientalische Endzeitlehren waren zuerst in der Sintflutsage greifbar, in der es hieß, Gott werde die bösen Menschen vernichten. Die Apokalyptik trieb die dualistische Vorstellung von zwei Weltzeitaltern auf die Spitze: Die Katastrophe kann nicht mehr aufgehalten werden, aber die totale Zerstörung des Alten wird zugleich herbeigesehnt, da der Weltuntergang einer neuen, besseren, jenseitigen Welt Platz machen würde.

Der christlichen Endzeiterwartung nach muß man auf den Messias warten, darf den Weltuntergang jedoch nicht passiv erwarten, sondern muß versuchen, Gott entgegenzukommen. Aus der Offenbarung des Johannes wurden 1000 Jahre bis zum Ende der Welt abgeleitet, obwohl sie wohl nur allgemein für eine lange Zeitspanne stehen sollten. Der daraus entstandene Milleniarismus besagt, daß der Messias 1000 Jahre über die Erde in einem Reich des Friedens und der Gerechtigkeit herrscht, bis es zum Jüngsten Gericht kommt.

Das Christentum löste die Vorstellung einer Kreislaufbewegung der Geschichte durch eine lineare Zeitrechnung ab. Da es demnach ein Ende geben muß, begannen nun Propheten aufzutreten, die die Menschen vor dem Untergang warnten und zu asketischem Leben aufriefen.

Im 6. Jahrhundert machte sich aufgrund einer unaufhörlichen Abfolge von Naturkatastrophen und Erschütterungen im Gefolge neuer Invasionszüge ein tiefer Pessimismus breit, der die Menschen im Glauben an den Weltuntergang bestärkte. Vermehrt traten Unheilspropheten auf, die sich den Pessimismus der Menschen zu ihrem Vorteil machten.

Als im Jahr 1000 keine Katastrophen eingetreten waren, verlegte man den Weltuntergang auf das Jahr 1033, das Todesjahr Jesu. Als aber auch in diesem Jahr alles beim Alten blieb, sah sich die Kirche in ihrer Meinung, alle vorherigen Spekulationen seien nur Ketzertum, bestätigt. Doch die populäre Meinung vom Weltuntergang blieb weiterhin bestehen.

Auch nach der ersten Jahrtausendwende traten in jedem Jahrhundert Propheten auf, die unterschiedliche Vorhersagen machten, an deren Schluß jedoch meist das Ende der Welt stand. So sagte beispielsweise im 11. Jahrhundert der Heilige Malachias von

Irland die letzten zwölf Päpste voraus, Johann von Vatiguerro prophezeite im 13. Jahrhundert für das Ende des 18. Jahrhunderts eine «große Verwirrung» der Welt, in der das Böse die Oberhand gewinne. Auch Johannes Müller, Bischof von Regensburg, weissagte im 15. Jahrhundert «traurige Zeiten» für das Ende des 18. Jahrhunderts.

Im 16. Jahrhundert verstärkte sich die Vorstellung vom nahenden Weltende abermals. Zahlreiche Propheten traten auf und wiesen auf kommende Kriege hin. Zu den Propheten dieser Zeit zählen unter anderem die Prophetenkinder, von deren Zukunftsvisionen zahlreiche Flugblätter und Flugschriften erzählen.

Eine Flugschrift von 1607 berichtet von einem ungeborenen Kind, das im Mutterleib «zu weinen und schreyen» anfing: «weh weh der letsten zeit; die Welt steht auff der neigen, wie die Wunder anzeigen, allenthalben in der Christenheit.» Häufiger tritt der Fall auf, daß Neugeborene plötzlich zu reden anfangen und ihre göttliche Botschaft verkünden. Sie rufen die Menschen zu Buße und Umkehr auf und prophezeien ihnen schlimme Folgen, falls sie sich nicht bessern sollten.

Eine ähnliche Botschaft vermitteln ältere Mädchen, die an sogenannten Entzückungen leiden. Eine Flugschrift von 1631 handelt von einem 19jährigen Mädchen, das Visionen hat. In ihren Erscheinungen tritt «ein schönes Knäblein» auf, das von sich selbst sagt, es sei von Gott geschickt, um ihr «geheime und verborgene Sachen zu offenbahren», damit so die Menschen vom lutherischen Glauben als dem «rechten Christlichen Glauben» überzeugt würden. In ihren darauf folgenden zwölf Erscheinungen begibt sich das Mädchen auf imaginäre Reisen, während derer sie der Junge auf Berge, in Städte oder auf das freie Feld führt und ihr die Sünden der Menschen und das kommende Unheil vor Augen stellt.

Solche Arten von Prophezeiungen wurden ab dem 18. Jahrhundert nicht mehr als Wunder, sondern als krankhaft bezeichnet. Bei den Prophezeiungen der Kinder handele es sich entweder um Einbildung oder aber um eine Krankheit, die heute mit Formen der Epilepsie in Verbindung gebracht wird.

Neben diesen ‹krankhaften› Propheten, die schnell als verrückt abgetan wurden, gab es jedoch auch solche, deren Prophezeiungen bis heute eine gewisse Gültigkeit behalten haben. Der bekannteste unter ihnen war Nostradamus. Michel de Nôtredam wurde 1503 in Südfrankreich geboren. Er studierte Philosophie, Theologie, Astronomie und Medizin, kämpfte als Arzt gegen die Pest und verspürte ab 1548 die Fähigkeit, Ereignisse der Zukunft zu erkennen und niederzuschreiben. Er führte diese Gabe auf Gott zurück: «Ich lege mir nicht den Titel eines Propheten bei, da sei Gott vor, bekenne aber, daß alles von Gott kommt. Ihm schulde ich Dank für die Gnade und gebe ihm die Ehre, Lob und Preis in Ewigkeit!»

Einige seiner Prophezeiungen erfüllten sich schon während seines Lebens, vor allem seine Kalender und Almanache mit Vorhersagen erfreuten sich großer Beliebtheit. Nostradamus hatte einen guten Überblick über die Menschheitsgeschichte und charakterisierte in seinen Vorhersagen die Taten der großen Figuren der Weltgeschichte sehr treffend. Er nahm damit eine Sonderstellung unter den Propheten ein, da er nichts Überirdisches, sondern Geschichtliches prophezeite. Doch verschlüsselte er seine Texte, indem er lateinische, griechische, hebräische, arabische, jiddische und altfranzösische Sprachelemente vermischte und seine Aussagen in Bilder und Symbole hüllte. Grund dafür war zum einen die drohende Inquisition, zum anderen wollte er die Menschen schonen. Er schreibt seinem Sohn Cäsar zu diesem Thema folgendes: «Weil dies auch für mich der Grund war, meine Verkündung aus der Öffentlichkeit zurückzuziehen und meine Feder dem Papier vorzuenthalten, und ich ferner willens war, das Geschriebene auszulöschen aus dem Grunde, weil doch einmal der Kommunismus kommt, so habe ich den Weg gewählt, in verborgene und unergründliche Orakel die Dinge der Zukunft, die jeden innerlich sehr beunruhigen, zu kleiden. Ich habe dies auch darum getan, weil ich den Eindruck bemerkte, den ihr Eintreffen auf die Menschen macht. Um nun nicht der menschlichen Schwäche einen Anstoß zu geben, die so gern das Ohr Fabeln und Märchen leiht, habe ich alles unter dem Deckmantel rätselhafter Bilder geschrieben.»

Die Schwierigkeit im Umgang mit seinen schriftlich niedergelegten Vorhersagen, die ihn selbst überlebten (er starb 1566), liegt jedoch in der richtigen Entschlüsselung seiner Texte. Immer wieder werden seine Texte neu dekodiert, unterschiedliche Versionen geben sich als die ‹wahren› aus. Doch welche ist die richtige?

Einige seiner Prophezeiungen betrachtet man im nachhinein als erfüllt, so beispielsweise seine Prophezeiung des 30jährigen Krieges: «Die Blumen sind verblüht, die Welt wird öder. Der Feind hat lange nur noch in menschenleeren Gegenden eine Heimstatt: Der Herr wird wandern durch Himmel, Land und Meer und über die Wogen schreiten. Dann werden von neuem die Kriege erweckt.» Oder seine Prophezeiung der Französischen Revolution: «Die geistigen Grundlagen des königlichen Gedankens werden entwertet. Die Völker werden gegen ihren König aufgewiegelt: Der Frieden wird durch die Revolution zerstört, die heiligen Gesetze durch schlechtere ersetzt. War Paris jemals in so schwieriger Lage?» Und selbst den Nationalsozialismus sagte er voraus: «Eine neue Sekte von Philosophen wird entstehen, die Gold, Tod, Ehren und Reichtum verachten: Die germanischen Berge werden keine Grenzen für sie bedeuten, in ihrem Gefolge werden sie Stützpunkte und Druckmittel haben.»

Für das Ende des 20. Jahrhunderts prophezeite er die Geburt eines neuen Herrschers, Heinrich des Glücklichen, der für die Freiheit Europas kämpfen würde. Dieser blieb jedoch aus. Dies belegt, daß es im nachhinein leicht ist, den Prophezeiungen eine bestimmte Richtung zu geben, es aber unklar bleibt, ob Nostradamus sie tatsächlich so meinte.

Eine so große Berühmtheit wie Nostradamus hat kaum ein anderer Prophet je erlangt. Bis in unsere Tage werden seine Prophezeiungen noch von vielen Menschen gelesen. Heute sind es in erster Linie Sekten, die mit ihren Prophezeiungen immer wieder für Aufsehen sorgen. Präzise Endzeitdaten liefern in regelmäßigen Abständen die Zeugen Jehovas (zum Beispiel 1914, 1918, 1925, 1975 usw.). Oft kommt es an Tagen, für die eine Sekte den Weltuntergang vorhersagte, zu Massenselbstmorden. Gleichzeitig prophezeit man, daß im neuen «Wassermann-Zeitalter» – so bezeichnet die Esoterik den gegenwärtig anbrechenden Abschnitt des Weltenjahres – alles besser wird. Der Aufbruch in die Zukunft soll von der Selbstbestimmung des Menschen und seiner Aussöhnung mit der Natur bestimmt sein. Die Wissenschaften, die in den letzten Jahrhunderten die Oberhand über die Menschen gewonnen haben, scheinen mehr Unheil zu bringen als Glück und werden deshalb von der New-Age-Bewegung als teuflisch betrachtet.

Man sieht nun vor allem reale Zustände als «Endzeitpropheten» an, wie Krankheiten (zum Beispiel Aids), die man nicht unter Kontrolle hat, die Angst vor einer nuklearen Katastrophe, das Problem der Überbevölkerung, Wassermangel und Hunger. Gerade im Zuge der Jahrtausendwende gerieten diese Krisen verstärkt ins Bewußtsein der Menschen. So betrachtete man bereits die Sonnenfinsternis 1999 (→ Himmelszeichen) als Weltuntergangstermin, indem man sich auf die Bibel und die Aussagen von Propheten berief. Danach ging ein Aufatmen durch die Bevölkerung: «Hurra, wir leben noch!» Man war froh, daß die «Untergangs-Propheten» nicht recht hatten.

Doch der Jahrtausendwechsel stand erst noch bevor. «Auf jede Party kommt ein Krisenstab. Selbst Milleniums-Muffel gehen dem Jahr 2000 mit gemischten Gefühlen entgegen» – so konnte man in der Presse an Silvester 1999 lesen. Diese «gemischten Gefühle» bezogen sich zunächst jedoch weniger auf Weltuntergangserwartungen, die wohl nur die wenigsten ernsthaft in Betracht zogen, sondern vielmehr auf die durch die Medien geschürte Angst vor realen, zum Teil existentiellen Problemen, nämlich den befürchteten Computerausfällen. Erst als sich diese Befürchtungen nicht bewahrheitet hatten und auch die Welt noch ‹am Leben› war, feierte man ausgelassen das neue Jahrtausend.

Doch nicht alle überstanden den Jahreswechsel so unbeschadet. Wie die Presse im Juli 1999 berichtete, war eine Sekte, die den Weltuntergang für den Jahrtausendwechsel vorausgesagt hatte, in der Sierra Nevada verschollen. Sie hatte sich auf den Weg in die Berge gemacht, um dort auf den Jahreswechsel und gleichzeitigen Weltuntergang zu warten. Bereits vor dem Jahreswechsel wurden sie jedoch von Angehörigen als vermißt gemeldet und von der Polizei – die von einem Massenselbstmord ausgeht – tot aufgefunden.

Nach der Jahrtausendwende sorgte ein weiterer Fall eines Massenselbstmords von Sektenmitgliedern für Aufsehen. In religiösem Wahn hatten sich in Uganda im März 2000 mehrere hundert Menschen in einer Kirche eingeschlossen und verbrannt. Später fand man weitere Massengräber mit erstochenen und erdrosselten Sektenanhängern, die zu der Vermutung veranlaßten, daß man die Mitglieder ermordet habe, nachdem der zur Jahrtausendwende prophezeite Weltuntergang nicht eingetreten war.

Prophezeiungen können also bei Nichterfüllung schlimme Folgen haben. Trotz dieser Gefahr, die bereits Nostradamus erkannt hatte, stehen Prophezeiungen nach wie vor hoch im Kurs. Die Menschen sehnen sich danach, über ihre Zukunft Bescheid zu wissen. Dies erklärt den großen Zuspruch, den die Texte von Nostradamus, heutige Weltuntergangssekten sowie auch die zahlreichen Mittel der Zukunftsvorhersage verzeichnen (→ Sternenglaube, → Wahrsagen).

Lit.: Das Buch der Wahr- und Weissagungen. Zusammenstellung aller wichtigen Prophezeiungen der Vergangenheit und Gegenwart, nebst dem Ablaßgebete Pius IX., Regensburg 1849; Jean-Paul Clébert: Die Angst vor dem Weltuntergang. Eine Geschichte der Endzeitstimmung, Paris 1994; «Im Jahre 1999 kommt der König des Terrors», in: Der Spiegel 53/1981, S. 86–97; Manfred Jakubowski-Tiessen u. a. (Hg.): Jahrhundertwenden. Endzeit- und Zukunftsvorstellungen vom 15. bis zum 20. Jahrhundert, Göttingen 1999; Karl L. von Lichtenfels: Lexikon der Prophezeiungen. Eine Analyse von 350 Voraussagen von der Antike bis heute,

München 2000; Georges Minois: Geschichte der Zukunft. Orakel, Prophezeiungen, Utopien, Prognosen, Düsseldorf/Zürich 1998; Dieter Zimmerling: Lauter Weltuntergänge. Die Lust an der Endzeitstimmung, München 1999.

Scheintod

Die Angst, scheintot begraben zu werden, plagt die Menschen seit vielen Jahrhunderten. In frühen Erzählungen ging man oft davon aus, daß der Mensch tatsächlich tot war und dann wieder auferstand, obwohl es sich in Wirklichkeit meist um Scheintodfälle gehandelt haben dürfte.

Von solch einer «Auferstehung» erzählt eine anonyme Flugschrift von 1554 mit dem Titel ‹Wunderbarliche Geschicht, von einer Junckfrauen, die Gestorben, und wider lebendig worden ist›. Eine «Jungfrau» in Siebenbürgen habe, als man sie beerdigen wollte, angefangen, «Bluttigen Schweis» zu schwitzen. Sie richtete sodann eine Rede an die Bevölkerung, in der sie diese ermahnte: «Ich bitte euch umb Gottes willen, thut Busse, bekeret euch von sünden, Denn Gott der Allmechtige, ist sehr erzürnet, uber euere Sünde.» Als Beleg für Gottes Zorn wird die Pest angeführt, die in der Stadt umging und an der wohl auch die Frau litt. Denn wie sie selbst vorhersagte, dauerte ihr «zweites Leben» nur drei Tage, danach starb sie endgültig.

Wie diese und zahlreiche vergleichbare Geschichten zeigen, ist das Phänomen des Scheintods, des zu frühen Begrabens noch lebender Personen, im 16. und 17. Jahrhundert noch nicht im Bewußtsein der Menschen. Man hielt die Menschen vielmehr für tatsächlich tot und ihr Wiedererwachen für ein Wunder. Vorbild für diese Interpretationsweise der Ereignisse ist insbesondere die Auferstehungsgeschichte Jesu.

Eine andere Geschichte erzählen einige Flugblätter über die Frau Richmodis aus Köln. Sie stellen den Vorfall nämlich nicht als Auferstehung einer Toten dar, sondern tatsächlich als das Begräbnis einer Scheintoten, das im 14. Jahrhundert stattgefunden haben soll. Folgende Geschichte wird erzählt: Die adlige Frau Richmodis stirbt an der Pest und wird begraben. Totengräber wollen ihren goldenen Ring stehlen und öffnen deshalb ihr Grab. Dabei finden sie die Frau lebendig vor und rennen entsetzt davon. Frau Richmodis steigt aus dem Grab, geht nach Hause zu ihrem Mann, lebt noch viele Jahre glücklich und bekommt etliche Kinder.

Auf solche frühen Scheintodfälle beziehen sich die zahlreichen theoretischen Schriften, die ab dem 18. Jahrhundert zum Thema Scheintod abgefaßt werden, wie zum Beispiel diejenige von Paul Christian Hilscher 1725. Hilscher gibt zu bedenken, daß sich eine solche Geschichte zwar möglicherweise zugetragen habe. Doch liegt ihm letztlich nichts an der Wahrheit der Geschichten, sondern er erkennt, daß aus Unwissenheit, Gewohnheit, Unbequemlichkeit oder Bosheit Leute zu früh begraben wurden, die eigentlich noch lebten. Aus dem Wunder wird somit ein Vorgang, der natürlich erklärbar und besorgniserregend ist.

Um die Menschen davor zu bewahren, lebendig begraben zu werden, sucht man nun nach Methoden zur genauen Bestimmung des Todes. Die Gelehrten gehen dabei zunehmend davon aus, daß es verschiedene Grade des Todes gibt: Der erste Grad bestehe in der «gänzlichen Aufhebung aller Lebensbewegungen» und sei «genesbar». Der zweite Grad dagegen bedeute «eine Zerstörung der Organen, die zum Leben gehören». Der dritte Grad schließlich sei «eine völlige Auflösung des Körpers in seine Elemente».

Johann P. Brinkmann nimmt – wie viele andere – an, daß der «unvollkommene Tod» eine Art des Schlafs ist. Um zu verhindern, daß solche unvollkommenen Toten lebendig begraben werden, schlägt er 1772 folgendes vor: Zum ersten müsse es überall Menschen geben, «welche die Zeichen des Todes so viel wie möglich wüsten». Zweitens müsse «eine gar zu geschwinde Begräbniß auf ausdrücklichen Befehl der Obrigkeit verboten» werden. Drittens solle «derjenige, so einen solchen Zufall gewust, und denselben dem Arzt oder der Obrigkeit nicht angezeiget, sondern den Betäubten ohne weitere Untersuchung begraben lassen, hart

Kölner Flugblatt aus der zweiten Hälfte des 17. Jahrhunderts über die scheintote Frau Richmodis

bestraffet würden». Viertens solle vom Landesherrn eine Belohnung dafür ausgesetzt werden, «wenn jemand einen Unglücklichen, der von jederman für todt gehalten wurde, wieder belebet hätte». Und schließlich sollten fünftens «alle Unterthanen ausdrücklich abgehalten würden, bey vorkommenden Fällen, wenn es verlanget würde, alle möglich Hülffe zu leisten». Brinckmanns Vorschläge kommen dem Problem des Scheintods mit Sicherheit schon um einiges näher. Drei Schwierigkeiten bleiben jedoch noch offen: erstens die eindeutige Festlegung des Todeszeitpunkts, zweitens eine gesetzliche Regelung der Beerdigungspraxis und drittens Verfahren zur Wiederbelebung von Scheintoten. Diese drei Probleme erkannten auch die Gelehrten und Mediziner des ausgehenden 18. Jahrhunderts und versuchten, dagegen anzugehen.

Um die eindeutige Festlegung des Todeszeitpunkts zerbrachen sich die Mediziner den Kopf und kamen schließlich zu dem Ergebnis, daß nur die Fäulnis als eindeutiges Todeskennzeichen gelten kann. Und schon steht man notwendigerweise vor dem nächsten Problem: Man dürfte die Menschen nicht so schnell begraben, wie es zu der Zeit noch üblich war, sondern müßte warten, bis die Fäulnis eingetreten ist. Deshalb läßt sich zunehmend die Forderung vernehmen, Totenhäuser zu errichten und die Toten darin solange aufgebahrt zu lassen, bis die Fäulnis einsetzt. Eines der ersten seiner Art in Deutschland war das Leichenhaus auf dem Südlichen Friedhof in München, das nach dem Inkrafttreten einer Verordnung der bayerischen Landesregierung von 1789 im Jahr 1791 gebaut wurde.

Neben der Einrichtung von Leichenhäusern wies man immer wieder auf die Notwendigkeit hin, Vereine zu gründen, die es sich zum Ziel setzen, Scheintoten zu helfen. Die erste Lebensrettungsgesellschaft wurde 1767 in Amsterdam gegründet, dieser folgten in den nächsten Jahren ähnliche Institutionen in Hamburg, Florenz, London und anderen Städten.

Die Forderung nach Leichenschauhäusern und Lebensrettungsgesellschaften lenkte jedoch eher von einer wissenschaftlichen Lösung des Problems durch Mediziner ab, als daß es diese beförderte. Auch wenn die geforderte Leichenschau das Begraben vor dem Eintritt der Fäulnis verhinderte, trug sie nicht dazu bei, daß ein Scheintoter wieder zum Leben erwachen konnte. Und damit sind wir beim dritten Problem angelangt, mit dem sich die Mediziner auseinandersetzen mußten: der Wiederbelebung von Scheintoten. Einen grundlegenden Vorschlag dazu macht Jakob F. Ackermann 1804. Er geht davon aus, daß die Ursache des Scheintods «der Mangel des an das Blut übertreibenden Sauerstoffgases» ist. Deshalb kommt er zu dem Schluß: «Man muß reizen.»

Diese Idee des Reizens nahm Christian August Struve 1805 auf und machte sie für seine Erfindung des «Galvanismus» nutzbar. Er setzt voraus, daß im Scheintod die Lebenskraft so schwach wird, daß die «von aussenher bemerkbaren Erscheinungen und Verrichtungen des Lebens» nicht mehr erkennbar sind. Deshalb müssen sie von außen, mit Hilfe des Galvanismus, gereizt werden.

Trotz all dieser Maßnahmen bleibt jedoch die Gefahr und damit auch die Angst bestehen, lebendig begraben werden zu können. Auch wenn man die Fäulnis im 19. Jahrhundert noch als das «untrüglichste Zeichen des wahren Todes» ansieht, kann der eigentliche Todeszeitpunkt damit nicht immer exakt bestimmt werden, da das Sterben ein langsamer, vielschichtiger Prozeß ist. 1934 weist Otto Ebeling in seiner Dissertation «Ueber Scheintod» darauf hin, daß zwar die Leichenstarre und die beginnende Verwesung ausschlaggebend für die Diagnose des Todes seien. Doch fordert er zugleich dazu auf, daß in Zweifelsfällen «die Prüfung der mechanischen Muskelerregbarkeit und das Verhalten gegenüber galvanischer und faradischer Elektrizität anzuwenden» seien.

Die Untersuchungen zum Thema Scheintod des 18. und 19. Jahrhunderts haben also keineswegs für eine naturwissenschaftliche Klärung des Phänomens gesorgt. Man hatte lediglich erreicht, auf das Problem aufmerksam zu machen, es einzugrenzen und Möglichkeiten zu dessen Verhinderung zu finden. Auch wenn der Stand der Forschung heute so weit fortgeschritten ist, daß das Lebendigbegrabenwerden nach Ansicht vieler Mediziner ausgeschlossen ist, kommt es aufgrund von Fehlhandlungen einzelner Ärzte manchmal doch zu falschen Entscheidungen. Daß diese Ungewißheit Angst auslöst, belegen Gruselgeschichten in der Literatur (zum Beispiel die Erzählung «Die Scheintoten» von Edgar Allan Poe) oder die zahlreichen Patente von Rettungssärgen, die das Überleben nach versehentlichem Begräbnis eines Scheintoten gewährleisten sollen.

Heutige Medizinlexika definieren Scheintod als eine «klin. Bez. für komatösen Zustand mit Bewußtlosigkeit, Areflexie, Atonie u. scheinbarem Fehlen von Atmung u. Puls» (Reallexikon der Medizin). Tod allgemein sei «das Aufhören der Lebensfunktionen, ein in Etappen ablaufender biol. Vorgang». Dabei seien drei Etappen zu unterscheiden: vom klinischen Tod, bei dem es zu Herz- und Atemstillstand komme und grundsätzlich die Möglichkeit der Wiederbelebung bestehe, über das Absterben von Organen, den sogenannten Individualtod, bis hin zum Totaltod, der durch den «Untergang sämtlicher Organe u. Zellverbände. mit definitivem Stillstand aller Stoffwechselvorgänge» gekennzeichnet sei. Aufgrund der modernen Technik ist es möglich, den Tod außer mit den immer noch als sicher eingestuften Todeszeichen der beginnenden Todesstarre, der Totenflecken, der Fäulniserscheinungen und des Verwesungsgeruchs als «irreversiblen Stillstand von Atmung u. Herztätigkeit» sowie «vollständ., irreversiblen Funktionsausfall des Gehirns» zu bestimmen.

Was sich so definitiv anhört, birgt bei genauerem Hinsehen aber doch noch Probleme: Wann ist der Ausfall von Atmung, Herz- und Gehirntätigkeit vollständig und irreversibel? Da die Geräte nur den momentanen, nicht aber den endgültigen Ausfall feststellen können und der Übergang zudem fließend ist und nicht genau lokalisiert werden kann, bleibt also doch ein Restrisiko vorhanden. Das ist wohl der Grund dafür, weshalb weiterhin Scheintodgeschichten in der Bevölkerung kursieren.

Selbst im 20. Jahrhundert konnte das Phänomen Scheintod somit nicht restlos geklärt werden. Auch wenn die Mediziner die Gefahr des Lebendigbegrabenwerdens aus objektiv-medizinischer Perspektive ausschließen, kommt es in Wirklichkeit immer wieder vereinzelt zu ärztlichen Fehlentscheidungen. Diese werden von der Presse aufgegriffen, wie eine Serie aus der ‹Bild-Zeitung› vom März/April 1981 belegt: «Drei Tage in der Leichenkammer – bei vollem Bewußtsein.» – «Ein Arzt schrieb den Totenschein – aber Emma Sikorski atmete ...» – «Ismeta überlebte den Blitz, aber nicht ihr Begräbnis.» Solche und ähnliche Horrormeldungen flößen den Menschen Angst ein und führen zu absurden Vorkehrungen wie dem Einbau von Telefonleitungen in die Gräber.

Lit.: Margrit Augener: Scheintod als medizinisches Problem im 18. Jahrhundert, Diss. Kiel 1965; Claus E. Boetzkes: Scheintot begraben, Percha 1984; Jan Bondeson: Lebendig begraben. Geschichte einer Urangst, Hamburg 2002; Martin Patak: Die Angst vor dem Scheintod in der 2. Hälfte des 18. Jahrhunderts, Diss. Zürich 1967; Steffen Schäfer:

Scheintod. Auf den Spuren alter Ängste, Berlin 1994; Ingrid Stoessel: Scheintod und Todesangst. Äußerungsformen der Angst in ihren geschichtlichen Wandlungen (17.–20. Jahrhundert), Diss. Köln 1983; Elisabeth Vogl: Der Scheintod: eine medizingeschichtliche Studie, Diss. München 1986.

Sternenglaube

Millionen von Menschen lesen täglich ihre Horoskope in Tageszeitungen und Illustrierten, fast jeder kennt sein Sternzeichen und die dazugehörigen Charaktereigenschaften. Eine Vielzahl von Menschen sucht Rat bei Astrologen, um Aussagen über ihr Wesen und ihre Zukunft zu erhalten. Besondere Planetenkonstellationen sorgen auch heute noch für Aufsehen, wie zum Beispiel das «spektakuläre Szenario» (Spiegel), das sich im April 2002 ereignete: Für drei Wochen waren fünf Planeten in einer Linie nebeneinander am Abendhimmel zu beobachten, zugleich bildeten Mars, Saturn und Venus ein gleichseitiges Dreieck. Astronomen haben berechnet, daß eine vergleichbare Zusammenkunft den Stern von Betlehem erklären könnte, denn im Jahre 2 v. Chr. bildeten die Planeten eine ähnliche Konstellation.

Sämtliche astrologischen Deutungen basieren auf drei Grundannahmen: den Stellungen und daraus resultierenden Einflüssen der Planeten, den Tierkreiszeichen sowie den Aspekten. Unter Aspekten werden die Winkel verstanden, in denen die Planeten, von der Erde aus beobachtet, zueinander stehen. Die wichtigsten Aspekte sind Konjunktion (0°–5°), Opposition (180°), Quadratur (90°), Trigon (120°) und Sextil (60°). Fügt man sämtliche Erkenntnisse über die Stellung der Planeten, die Tierkreiszeichen und die Aspekte zum Zeitpunkt der Geburt eines Menschen zusammen, erhält man sein Horoskop.

Von seiten der Astronomie werden diese Ansätze lediglich belächelt. Sie räumt der Astrologie keinerlei Existenzberechtigung ein, weil sie nicht rational vorgeht. Aspekte und Tierkreiszeichen seien Illusionen, da sie menschliche Setzungen sind. Außerdem sei das gesamte System der Astrologie veraltet, da es den Stand von vor 2000 Jahren widerspiegele, als man die Erde noch für den Mittelpunkt des Universums hielt und die Sternbilder aus dieser Perspektive deutete. Um sich ein Bild über Sinn und Unsinn der Astrologie machen zu können, hier ein kurzer Abriß ihrer Geschichte und ihrer Inhalte.

Allgemein gesprochen, faßt man unter Astrologie das Beobachten und Erforschen der Sterne, um daraus Aussagen über die Menschen und deren Zukunft abzuleiten. Astrologen gehen davon aus, die Stellung der Sterne und Planeten könne die Ereignisse auf der Erde und den Charakter der Menschen beeinflussen. Der Ursprung der Astrologie liegt in dem Glauben, die Sterne seien Götter, die auf die Geschicke der Menschen einwirken könnten. Bereits babylonische Sternforscher beobachteten die Gestirne aufmerksam und stellten sich dabei die Frage: Was ist die Botschaft der Götter? Sämtliche ungewöhnlichen Vorgänge am Himmel betrachteten sie als Omen und setzten sie in Bezug zu irdischen Erscheinungen.

In der griechischen Antike wurde die Astrologie zu einer systematischen Wissenschaft erhoben. Sie war ein Gemisch aus astronomischen Beobachtungen und religiösen Vorstellungen von der Vorherbestimmtheit des Schicksals. Die Hauptlehrstücke der griechischen Astrologie waren die Himmelspunkte, die Tierkreisbilder, die Dekane, die Planeten und die Häuser (die zwölf Himmelsbereiche). Es entstand nun auch das Bedürfnis, Horoskope für einzelne Menschen zu erstellen, wobei der Stand der Gestirne zum Zeitpunkt der Geburt des Menschen als ausschlaggebend erachtet wurde.

Die schon früh einsetzende Astrologiekritik nannte als Hauptargumente das ungleiche Schicksal von Zwillingen und die Willensfreiheit des Menschen. Ptolemäus setzte diesen Einwänden eine stoische Ordnungsidee entgegen. Die Astrologie stelle die Freiheit nicht wirklich in Frage, da der Himmel Schicksale mehr allgemein als individuell bestimme. Vielmehr solle die Astrologie dem Menschen nützlich sein, indem sie dem einzelnen helfe, sich gegen die Einwirkungen des Himmels zu schützen. Mit Hilfe seiner Charakterisierung der Planeten versuchte Ptolemäus, die Astrologie wissenschaftlich zu legitimieren und sie als Teil der Religion zu bestimmen.

Auch wenn Kaiser und Päpste im Hochmittelalter Astrologen beschäftigten, lehnte die Kirche von Beginn an Magie mit der Begründung ab, Jesus habe Wunder bewirkt, die man nicht als magisch bezeichnen könne. Der Kirchenvater Hippolyt setzte sich bereits Ende des 2. Jahrhunderts mit der Magie auseinander und kam zu dem Schluß, daß es sich um faulen Zauber handele.

Plotin ist der Begründer des Neuplatonismus, auf den das Christentum Bezug nahm und der von einem Stufenkosmos ausging. Es gebe zwar übernatürliche Wirkungen, die den Menschen dazu befähigten, die Kräfte des Höheren auf sich herabzuziehen, doch sei diese Art von Magie streng von der platten Zauberei zu trennen. In bezug auf die Astrologie vertrat Plotin deshalb die Ansicht, daß die Sterne nichts bewirken, jedoch durchaus etwas anzeigen können.

Augustinus bringt in seiner Auseinandersetzung mit der Astrologie das theologische Argument ins Spiel, daß der Glaube an die Sterne die Religion untergrabe, da er die Freiheit des Handelns einschränke. Außerdem widerspreche sie dem Glauben an den Willen Gottes und dessen Auswirkungen auf das menschliche Handeln. Die Astrologie müsse somit als größte Bedrohung der Willensfreiheit bekämpft werden.

Trotz dieser Einsprüche bildete die Astrologie bis weit in die Neuzeit hinein einen festen Lebensbestandteil. In der Renaissance erlebte sie im Zuge eines wachsenden Interesses am Okkultismus geradezu eine Blütezeit. Alte magische Vorstellungen meldeten sich wieder zu Wort. So griff Marsilio Ficino Ende des 15. Jahrhunderts auf die Lehre von Sympathie und Antipathie sowie die Aspektenlehre zurück, die bereits in der Antike weit verbreitet waren. Er ging davon aus, daß jeder Körperteil einen Bezugspunkt zum Himmel hat und jedes Einzelschicksal von den

Sternen dirigiert wird. Damit lieferte er eine medizinische Theorie auf astrologischer Basis, die der Astrologie neue Anerkennung verschaffte.

Doch auch zu dieser Theorie gab es Gegenstimmen. Die Hauptthesen der Astrologiegegner sind die Unlesbarkeit der Sterne und die fehlende Ähnlichkeit zwischen Materiellem und Geistigem. Alle Bewegungen am Himmel erfolgen aus sich selbst heraus, das Schicksal hängt nicht von den Sternen ab – so argumentieren die Astrologiegegner.

Die Einführung des heliozentrischen Weltbildes durch Nikolaus Kopernikus zog der Astrologie zunächst den Boden unter den Füßen weg. Sie konnte nun aus wissenschaftlicher Sicht nicht mehr ernst genommen werden. Auf der anderen Seite entstand jedoch eine neue Art der Astrologie, die aus dem von Kopernikus postulierten System regelmäßiger Planetenbahnen Weissagungen ableitete. Aus bestimmten Planetenkonstellationen und Konjunktionen wurden nun Prognostiken erstellt.

Johannes Kepler stellte die These auf, daß bestimmte Proportionen, die ihre Grundlage in der Musik haben, auf den Himmel übertragen werden können. Die Zahl halte die Welt zusammen, alles sei von Proportionen bestimmt. Die bekannteste praktische Umsetzung seiner Theorie sind Keplers Horoskope für Wallenstein. Anhand dieser mußte Kepler erkennen, daß es nicht möglich ist, Details vorherzusagen. Man müsse vielmehr bereit sein, nach seinem Horoskop zu leben, nur dann gehe es in Erfüllung.

Zu einer solchen Lebensweise scheinen in der Frühen Neuzeit viele Menschen entschlossen gewesen zu sein. Dies belegt jedenfalls die große Anzahl astrologischer Schriften. Berechnungen von Planetenkonjunktionen, Prognostica, Practica und Planetenbücher wurden in enormer Fülle publiziert.

In einer Flugschrift von 1532 heißt es, daß «durch rechnunge der Planeten stunden, und des menschen namen, der do etwas künfftiges zu wissen begeret», die Zukunft des Menschen «ausgerechnet» werden könne. Anhand des Namens eines Menschen sowie der «stund des Planeten, so dieselbige regiret», werden jeder

Zukunftsbefragung bestimmte Zahlen zugeordnet. Diese wiederum entsprechen bestimmten Bäumen, Tieren, Blumen, Flüssen, Bergen, Früchten usw. Am Ende gibt der Autor schließlich eine Übersicht, was «inn eynes yeden Planeten stund guth zu thun odder zu lassen sey».

Anhand der genannten Schrift wird deutlich, daß man im 16. Jahrhundert den Planetenkonstellationen und damit der Astrologie eine enorme Bedeutung zumaß, da das Schicksal und die Zukunft jedes einzelnen Menschen und der ganzen Welt bestimmt werden könne.

Im 17. und 18. Jahrhundert wurde die Astrologie wie alle «magischen Künste» zunehmend als Aberglaube abgetan. Die Entdeckung des achten Planeten (Uranus) stellte die Astrologie mit ihrem Glauben an die heilige Zahl Sieben und ihren daraus abgeleiteten Prognostica von Grund auf in Frage. Dennoch fanden die Astrologiebefürworter schnell einen Ausweg: Der erweiterte wissenschaftliche Kenntnisstand mache noch exaktere Horoskope möglich.

Da man diesen astrologischen Deutungen zunehmend verachtend entgegentrat, zogen sich ihre Anhänger auf die Ebene von Sekten und Geheimbünden zurück. Einige versuchten jedoch weiterhin, als seriöse Wissenschaftler in der Öffentlichkeit aufzutreten, wie zum Beispiel Graf Alessandro di Cagliostro, der Ende des 18. Jahrhunderts auf seinen Reisen durch Europa mit seinen astrologischen, spiritistischen und alchemistischen Darbietungen ein großes Publikum gewann.

Im 19. und 20. Jahrhundert erlebte die Astrologie eine neue Blüte. Zugleich machte die Astronomie wichtige Fortschritte; unter anderem konnte die Existenz der Planeten Neptun und Pluto nachgewiesen werden. Während sich die Forscher bis ins 18. Jahrhundert zugleich als Astronomen und Astrologen verstanden hatten, wurden die beiden Disziplinen nun streng getrennt. Innerhalb der Astrologie entwickelten sich unterschiedliche Schulen, darunter die Traditionalisten, die Symbolisten, die Mystiker, die Statistiker oder die Psychologen.

Prognosticon auf das Jahr 1585: aus bestimmten Planetenkonstellationen werden Naturkatastrophen, religiöse und politische Veränderungen abgeleitet und für das kommende Jahr vorhergesagt

Lit.: Wolfgang Bock: Astrologie und Aufklärung. Über modernen Aberglauben, Diss. Bremen 1993; Karl-Heinz Göttert: Magie. Zur Geschichte des Streits um die magischen Künste unter Philosophen, Theologen, Medizinern, Juristen und Naturwissenschaftlern von der Antike bis zur Aufklärung, München 2001; Albert S. Lyons: Der Blick in die Zukunft. Eine illustrierte Kulturgeschichte, Köln 1991; Kocku von Stuckrad: Geschichte der Astrologie. Von den Anfängen bis zur Gegenwart, München 2003; Heike Talkenberger: Sintflut: Prophetie und Zeitgeschehen in Texten und Holzschnitten astrologischer Flugschriften 1488–

1524, Tübingen 1990; Gerhard Zwerenz: Magie, Sternenglaube, Spiritismus. Streifzüge durch den Aberglauben, Frankfurt am Main 1974; www.astrologie.de.

Stigmatisation

Als Stigmata bezeichnet man die Wundmale Jesu, also die Male der Geißelung, der Dornenkrönung, des Kreuztragens, der Durchnagelung der Hände und Füße sowie der Durchstechung der Seite. Stigmatisierte sind demzufolge Menschen, die eines oder mehrere dieser Passionsmale am Körper aufweisen.

Stigmatisierte sind seit dem Hochmittelalter belegt und treten seitdem regelmäßig in allen Jahrhunderten auf. Der erste bekannte Stigmatisierte ist der heilige Franziskus von Assisi im 13. Jahrhundert. Nachdem die Anzahl der Stigmatisierten in den folgenden Jahrhunderten gering war, erlebte sie im 19. Jahrhundert einen Hochpunkt. Vor allem die Fälle der Anna Katherina Emmerick (1774–1824), Maria Theresia von Mörl (1812–1863) oder Louise Lateau (1850–1883) sorgten nun für Aufsehen.

Die in heutiger Zeit bekannteste Stigmatisierte ist Therese Neumann von Konnersreuth (1898–1962). Nachdem sie 1918 einen Brand miterleben mußte, hatte sie unterschiedlichste Krankheiten, sie erblindete und erlitt Lähmungserscheinungen. Das erste Wunder geschah 1923 am Tag der Seligsprechung der heiligen Theresia von Lisieux, als sie plötzlich wieder sehen konnte. An Theresias Heiligsprechungstag 1925 erfolgte die plötzliche Heilung ihrer Lähmungen. Die erste Stigmawunde trat in der Fastenzeit 1926 auf, zugleich nahmen regelmäßig wiederkehrende Passionsekstasen ihren Anfang. Seit Weihnachten 1926 lebte sie völlig nahrungslos. Berichten zufolge habe Therese das, was mit ihr vorging, zunächst selbst als unheimlich empfunden und erst nach einiger Zeit akzeptiert, daß es sich um etwas Unheilbares, Übernatürliches handelt.

Von wenigen Ausnahmen abgesehen, handelt es sich bei den Stigmatisierten um Frauen, nur etwa ein Siebtel aller Betroffenen sind Männer (die bekanntesten sind Franziskus von Assisi und Pater Pio von Pietrelcina). Der größte Teil der Stigmatisationen fand in Italien stand, es folgen Frankreich, Spanien und Deutschland. Die meisten Frauen gehören den einfacheren Bevölkerungsschichten an. Geistliche Stigmatisierte gehören am häufigsten den Orden der Dominikaner und der Franziskaner an.

Die Stigmen erscheinen meist erst nach vorhergehenden jahrelangen Visionen und Schmerzen an den Stigmenstellen. Sie können in zeitlichen Abständen auftreten, das Gefühl der visionären «mystischen Hochzeit» kann dabei mehrmals erlebt werden. Die ersten Stigmen können bereits in der Kindheit oder erst im Erwachsenenalter entstehen.

Die Blutungen ereignen sich entweder an allen Feiertagen und Festen oder nur während der Fasten- und Passionszeit oder jeden Donnerstag und Freitag. Der zeitliche Ablauf fällt im Einzelfall sehr unterschiedlich aus. Manchmal verschwinden die Wundmale nach einiger Zeit wieder und lassen nur die Schmerzen an den betreffenden Stellen zurück. Es kommt auch vor, daß äußerlich gar keine Wunden sichtbar werden. Man spricht dann von innerer Stigmatisation. Diese ist in vielen Fällen jedoch Voraussetzung für die äußere Stigmatisation. Es findet also meist eine Entwicklung vom inneren (Mit-)Leiden zum äußerlich sichtbaren Schmerz statt.

Neben den blutigen Wundmalen weisen Stigmatisierte weitere Besonderheiten auf, die im Einzelfall sehr unterschiedliche Ausformungen annehmen können. Dazu zählen: Schmerzen an sämtlichen Körperstellen, Blutschweiß (→Blutwunder), Stummheit, Erblinden, Schwellungen, Anästhesien, Lähmungen, →Scheintod, Hysterie, Nahrungsenthaltung (→Fastenwunder), Fernkommunion, Telepathie, Ekstasen und →Erscheinungen. Am häufigsten und auffälligsten sind die Visionen der Stigmatisierten. Sie sehen Gott oder einen →Engel, die blutige Strahlen auf sie richten, nehmen an visionären Zeremonien teil, wie zum Beispiel an der Hochzeit mit Jesus, sehen Szenen aus der Passion und ähnliches. Des öfteren kommt es auch vor, daß sie die Zukunft von Angehörigen vorhersagen oder Weltereignisse ankündigen (→ Prophezeiungen).

An dem Phänomen der Stigmatisation wird bereits seit langer Zeit Kritik geübt. Zunächst zeigt sich Skepsis gegenüber den Quellen: Entsprechen die überlieferten Berichte den Tatsachen? Wurde der Fall eingehend von Spezialisten überprüft und bestätigt? Doch selbst wenn die betreffenden Frauen unter Beobachtung gestellt wurden: Es gibt immer Zeiten und Gelegenheiten, bei denen sie nicht kontrolliert werden können. Damit kann Betrug nie völlig ausgeschlossen werden.

Auch bei sogenannten echten Stigmatisationen werden Einwände geäußert, vor allem von seiten der Mediziner. Sie beurteilen die meisten Fälle von Stigmatisation als krankhafte Erscheinungen, die sowohl physischer als auch psychischer Natur sein können. Meist handele es sich um hysterische Neurosen. Doch wissenschaftlich gesicherte Erklärungen gibt es bisher nicht. Merkwürdig ist vor allem, daß die Wunden gegen jede Art von medizinischer Behandlung resistent erscheinen.

Von theologischer Seite aus wird die Stigmatisation als übernatürlicher Gnadenerweis verstanden. Worum es sich wirklich handelt, konnten bisher jedoch weder Mediziner noch Theologen restlos klären. Religiöses und wissenschaftliches Interesse stehen sich nach wie vor gegenüber. Das Rätsel der Stigmatisierten bleibt somit bestehen und sorgt auch in unserer Zeit noch für Aufsehen, wie das Beispiel der Therese Neumann oder auch der Film ‹Stigmata› aus dem Jahr 1999 belegt.

Lit.: Wolfgang Johannes Bekh: Therese von Konnersreuth oder die Herausforderung Satans. Ein exemplarisches Lebensbild von der mystischen Macht und der heutigen Kraft des Christentums, Ruppichteroth 2002; René Biot: Das Rätsel der Stigmatisierten, Aschaffenburg 1955; Herbert Churston: Die körperlichen Begleiterscheinungen der Mystik, Luzern 1956; G. Ewald: Die Stigmatisierte von Konnersreuth. Untersuchungsbericht und gutachtliche Stellungnahme, München 1927; Johannes

Maria Höcht: Von Franziskus zu Pater Pio und Therese Neumann. Eine Geschichte der Stigmatisierten, Stein am Rhein 1974; Irmtraud Götz von Olenhusen (Hg.): Wunderbare Erscheinungen. Frauen und katholische Frömmigkeit im 19. und 20. Jahrhundert, Paderborn 1995; Franz L. Schreyer: Die Stigmatisation mit den Blutmalen. Biographische Auszüge und medizinische Analyse, Hannover 1948; Georg Wunderle: Zur Psychologie der Stigmatisation, Paderborn 1938; www.thereseneumann.de.

UFOs

Im Dezember 1999 berichtete die Presse von einem «unbekannten Flugobjekt», das mit seinem «hellen Lichtschein» zahlreiche Menschen in Norddeutschland und Skandinavien in Aufregung versetzte. Im Juni 2001 wurden über Anatolien «strahlende Objekte» am Himmel gesichtet, die man für «fliegende Untertassen» hielt. In beiden Fällen wandten sich die Menschen an astronomische Experten, die erklärten, es könne sich möglicherweise um einen Meteoriten oder eine Täuschung gehandelt haben. Doch wie kommen die Menschen darauf, die Sichtung als UFO zu bezeichnen?

UFOs sind dem Wort nach «unbekannte Flugobjekte», also nicht erklärbare, fliegende Objekte, die am Himmel gesehen werden. Sie werden meist als diskusförmige oder dreieckige Flugobjekte mit Kuppeln, Lichtern und Bullaugen beschrieben. Sie erreichen immense Geschwindigkeiten und sind zu ungewöhnlichen Flugmanövern in der Lage. Ihre Anwesenheit läßt Kompaßnadeln ausschlagen und lähmt elektronische Geräte. Sie werden überwiegend nachts gesehen, fallen aber tagsüber gelegentlich durch ungewöhnliche Schattenbildung auf. Bei ihren Landeplätzen stellt man Auswirkungen auf den Boden und die dort wachsenden Pflanzen fest, was vor allem an dem Phänomen der → Kornkreise deutlich wird.

Man unterscheidet bei den Sichtungen zwischen nahen Begegnungen der ersten, der zweiten, der dritten und der vierten Art. Nahe Begegnungen der ersten Art sind Sichtungen aus einiger

Entfernung, bei denen der zweiten Art werden Spuren des UFO-Ereignisses in der Natur zurückgelassen, solche der dritten Art liegen vor, wenn im Zusammenhang mit dem UFO Lebewesen beobachtet werden, und bei unheimlichen Begegnungen der vierten Art kommt es schließlich zum Betreten der Raumschiffe und zu Flügen ins All.

Die Außerirdischen werden meist als humanoide Gestalten beschrieben, die einen bis eineinhalb Meter groß sind, mit überdimensionierten, kahlen Köpfen, riesigen pupillenlosen Augen, kaum ausgeprägten Nasen und grauer Hautfarbe. Solche Wesen kennen wir aus zahlreichen Kino- und Fernsehfilmen. Ein Kontakt mit ihnen kann Hautausschläge und Strahlenkrankheiten zur Folge haben. Ein direkter Kontakt kommt vor allem bei Entführungen zustande. Die Opfer verlieren hier mehrere Stunden ihrer Erinnerung, die durch Hypnose wieder wachgerufen werden können. Sie berichten dann von medizinischen Experimenten, Implantationen oder Fortpflanzungsprozeduren.

Als Vorläufer der UFOs kommen – wie C. G. Jung in seinem Buch ‹Der moderne Mythus› schreibt – bereits → Himmelszeichen aus dem 16. Jahrhundert in Frage. Im 17. Jahrhundert wurden vor allem in Amerika zahlreiche ungewöhnliche Himmelserscheinungen beobachtet, die von den Puritanern als Manifestation Satans beurteilt wurden.

Im 18. Jahrhundert wurde der Grundstock für die Auffassung gelegt, daß es außerirdisches Leben gibt. Nachdem mit der Durchsetzung des heliozentrischen Weltbildes die Erde aus dem Mittelpunkt der Welt gerückt war, wurde der Blick offen für andere Planeten, die wie die Erde die Sonne umkreisen. Wohl aufgrund dieser Gleichstellung der Erde mit den anderen Planeten konnte sich Ende des 18. Jahrhunderts die Idee verbreiten, daß die anderen Planeten wie die Erde bewohnt seien. Man versuchte sich vorzustellen, wie diese Bewohner aussehen könnten, wie sie leben, welche Eigenarten sie besitzen. So beschreibt Emanuel Schwedenborg in seiner Schrift ‹Von den Erdkörpern der Planeten und des gestirnten Himmels Einwohnern› von 1771 deren «Art zu

Im Sommer 1566 wurden am Himmel über Basel seltsame Feuerkugeln beobachtet, die stark an heutige UFO-Sichtungen erinnern

denken, zu reden und zu handeln, von ihrer Regierungsform, Policey, Gottesdienst, Ehestand und überhaupt von ihrer Wohnung und Sitten». Informationen darüber habe er von «Geistern unserer Erde» erhalten, die ihm gesagt hätten, «daß ein Mensch, der Verstand hat, aus vielen Sachen, die er weiß, auch wissen könne, daß es noch mehrere Erden, und auf ihnen Menschen gebe». Die Vernunft lege nahe, daß Gott die Planeten nur dafür geschaffen haben könne, um darauf Menschen leben zu lassen.

Auch wenn man heute weiß, daß auf keinem Planeten unseres Sonnensystems intelligentes Leben möglich ist, gibt es in der Weite des Universums eine immense Vielzahl anderer Sonnen- und Planetensysteme, über die wir aufgrund unseres heutigen Wissensstands keine exakten Aussagen machen können. Warum –

so fragen sich heute viele Menschen – sollte es in der Weite des Weltalls nicht Planeten geben, die wie die Erde bewohnt sind?

Im 19. Jahrhundert begann sich die Vorstellung von UFOs als technologischen Fluggeräten, wie wir sie heute kennen, zu etablieren. Die geheimnisvollen Luftschiffe, die 1896/97 vor allem in den USA gesichtet wurden, können als erste Formen dieser UFO-Vorstellung gelten. Daran schließen sich zu Beginn des 20. Jahrhunderts die in Großbritannien gesichteten imaginären Zeppeline an sowie die sogenannten foo-fighters, helle Lichter, die 1944–1946 in der Nähe von Flugzeugen beobachtet wurden.

Die erste Sichtung einer fliegenden Untertasse widerfuhr Kenneth Arnold 1947. Auf einem Flug über dem Staat Washington sah Arnold plötzlich eine Formation blendendheller Objekte vorbeischießen. Aufgrund der unglaublichen Geschwindigkeit der Objekte konnte es sich um keine Flugzeuge handeln. Arnold bezeichnete sie als «fliegende Untertassen» und begründete damit den heute noch üblichen Begriff für UFOs.

An seine Erlebnisse schlossen sich in den 50er und 60er Jahren zahlreiche Sichtungsberichte an. Ab den 60er Jahren wurde auch von Entführungen berichtet, die meist sehr stereotyp ablaufen: Nach einer unerklärlichen Autopanne nachts auf einer einsamen Landstraße tauchen fremdartige Wesen auf, lähmen die Menschen und bringen sie in ihr UFO. Dort nehmen sie medizinische Untersuchungen vor und führen die Menschen dann zurück zu ihrem Auto.

Die Erforschung der UFOs begann bereits in den 50er Jahren, war jedoch zunächst spirituell-esoterisch ausgerichtet und beschäftigte sich mit den Erzählungen sogenannter Kontaktler, die behaupten, sich mit Außerirdischen unterhalten und Mitteilungen erhalten zu haben. Schnell zeigte auch das Militär Interesse, wobei es ihm primär um die Frage der nationalen Sicherheit ging. Die Air Force startete deshalb zahlreiche Projekte zur Untersuchung des Phänomens, die meist ohne Ergebnis blieben. Manche munkeln, die Air Force wisse mehr, als sie zugebe, habe eventuell sogar ein UFO in ihrem Besitz, würde sämtliche Informationen darüber jedoch vor der Bevölkerung geheimhalten.

Naturwissenschaftler versuchten, natürliche Erklärungen für die Flugobjekte zu finden. Man stellte fest, daß es sich in zahlreichen Fällen um irreführende Naturerscheinungen wie Meteoriten, Kometen, Nordlichter, spezifische Wolkenbildungen, Kugelblitze, Brockengespenste, Lichtsäulen oder Nebensonnen handelte (→ Himmelszeichen). Auch Flugzeuge, Satelliten, Zeppeline oder Wetterballons werden von Laien immer wieder für UFOs gehalten.

Dennoch bleibt trotz ausführlicher Untersuchungen durch wissenschaftliche Forschergruppen im 20. Jahrhundert, wenn man von den Erscheinungen die natürlich erklärbaren sowie die gefälschten abzieht, eine kleine Menge übrig, für die man keine hinreichende Erklärung fand. Dies führte dazu, daß es bis heute zwei Gruppen von «UFO-Forschern» gibt: auf der einen Seite die Skeptiker, die das Phänomen wissenschaftlich untersuchen und Beweise für die Existenz der UFOs suchen, die bisher jedoch ausbleiben; auf der anderen Seite die Ufologen, die von der Existenz von UFOs und Außerirdischen überzeugt sind. Als Beweis dafür nennen sie die angebliche Geheimhaltung von Informationen seitens des Militärs, der Regierungen und der Wissenschaften.

Aus der Sicht der Kulturwissenschaften schließlich können UFO-Sichtungen als Form modernen Aberglaubens, die Berichte darüber als moderne Sagen betrachtet werden. Sie greifen in vielfacher Hinsicht auf ältere Vorstellungen des Volksglaubens zurück. Die Außerirdischen gleichen Wesen wie Zwergen, Engeln, Feen oder Teufeln, die Flugobjekte haben große Ähnlichkeit mit fliegenden Feuerkugeln und anderen → Himmelszeichen, die unheimlichen Begegnungen verlaufen ähnlich wie Außerkörper- und Nahtoderfahrungen, → Erscheinungen oder Begegnungen mit → Geistern.

Im Vergleich zu entsprechenden Ereignissen aus früheren Jahrhunderten wurden die UFO-Vorstellungen dem modernen, technologischen Weltbild angepaßt. Während es in der Frühen Neuzeit Zeichen Gottes waren, die den Menschen als übernatürliche Eingriffe in die Welt angst machten, sind es heute fremde Wesen aus der Tiefe des unbekannten Universums. In beiden Fällen mögen natürliche Vorgänge dahinterstecken; entscheidend ist jedoch die Tatsache, daß die Erscheinungen von den betroffenen Menschen als ungewöhnlich und übernatürlich erlebt werden. Sie passen nicht in das Schema ihres Weltverständnisses, weshalb nach einer möglichen ‹übernatürlichen› Erklärung gesucht wird.

Lit.: Russell B. Adams (Hg.): Geheimnisse des Unbekannten. Die UFOs, Köln 1999; Carl Gustav Jung: Ein moderner Mythus. Von Dingen, die am Himmel gesehen werden, Zürich/Stuttgart 1964; Ulrich Magin: Von UFOs entführt. Unheimliche Begegnungen der vierten Art, München 1991; Hans Werner Peiniger: Das Rätsel unbekannter Flugobjekte, Rastatt 1998; «So wurde die Weltöffentlichkeit getäuscht», in: Der Spiegel 17/1978, S. 46–65; Werner Walter: UFOs. Die Wahrheit, Schindellegi 1996.

Wahrsagen

Die Jahrmarktswahrsagerin, die in ihrer Kristallkugel Bilder über die Zukunft eines Menschen sieht und gegen Bezahlung offenbart – wer kennt sie nicht. Doch Wahrsagen war ursprünglich eine sehr viel ernstere, für das Leben der Menschen bedeutende Technik.

Die ältesten Wahrsagetechniken sind bereits vom 3. Jahrtausend v. Chr. aus Mesopotamien überliefert. Geweissagt wurde zunächst mittels Öl, anhand von → Mißgeburten und Warnträumen oder durch die Beobachtung der Eingeweide von Tieren («Haruspizium»). Von Anfang an versuchte man die Zukunft vorherzusagen, indem man eine Verbindung zwischen übernatürlichen, göttlichen Offenbarungen und natürlichen, zeichenhaften Gegebenheiten herstellte.

Voraussetzung dafür ist eine deterministische Auffassung des Universums. Um ein Zeichen als Vorzeichen werten zu können, muß man davon ausgehen, daß dieselben Ereignisse immer dieselben Wirkungen haben. Dies wiederum bedeutet, daß das Schicksal des Menschen und der Welt festgelegt ist, die Zukunft mit der Vergangenheit und der Gegenwart untrennbar verbunden ist und daher vorausgesagt werden kann. Das schließt jedoch nach Auffassung der Menschen in früheren Zeiten nicht aus, daß man mit Hilfe der Wahrsagungen auf die Zukunft einwirken kann. Magische Praktiken und Wahrsagungen existieren vielmehr parallel nebeneinander.

Das Wahrsagen war bei sämtlichen Völkern gängige Praxis. Eine Spezialität der Kelten war die Wahrsagung aus Tieren, besonders dem Flug und Schrei der Vögel, mit deren Hilfe meist das Schicksal des ganzen Volkes entschieden wurde. Auch bei den germanischen Völkern spielte das Wahrsagen eine entscheidende Rolle. Aus Tacitus' ‹Germania› erfahren wir, daß die Germanen aus dem Wiehern der Pferde, dem Schrei und Flug der Vögel oder mittels Losen weissagten.

Von den Griechen wurden vor allem Orakel benutzt. Dabei handelt es sich um Weissagungen, die an bestimmten Orten nach einem festgelegten Ritus und zu festgelegten Zeiten erteilt wurden. Bei der Befragung eines Orakels mußten bestimmte Vorschriften eingehalten werden. Man mußte zunächst eine kultische Reinigung vornehmen, das heißt, sich in einer bestimmten Quelle waschen und weiße, reine Kleidung anlegen. Orakel erteilen konnte im Prinzip jede Gottheit, doch die meisten wurden von Apollon gegeben. Die wichtigsten Orakelorte des Apollon waren Delphi – das älteste und berühmteste Orakel –, Didyma, Abai, Theben, Ptoion und Tegyra. Ein zweiter, wichtiger Orakelgeber war Zeus, der Vater des Apollon, der vor allem in Dodona und der Oase Siwa wirkte. An vielen Orakelstätten nahmen Priester eine vermittelnde Rolle zwischen Göttern und Menschen ein.

Die Orakelbefragung begann mit einem Opfer. Falls das Opfer ungünstig ausfiel, das heißt die Eingeweide des Tiers Mißbildungen aufwiesen, konnte die Orakelbefragung nicht fortgeführt werden. War die Befragung günstig ausgefallen, konnten die anwesenden Amtsträger in das Allerheiligste des Tempels eintreten und dort ihre Anfragen tätigen. Die Anfragen wurden an Seherinnen oder Priester gerichtet, von denen ebenfalls absolute Reinheit und Enthaltsamkeit erwartet wurde. Diese gaben nach bestimmten kultischen Handlungen Orakelsprüche ab, die meist auf Täfelchen geschrieben wurden.

Eine Besonderheit war das sogenannte Homerorakel, das an kein Heiligtum und keinen Priester gebunden war. Die Befragung erfolgte hier mittels dreier Würfel, deren Zahlen Buchstaben repräsentierten. Je nach Zahlenkombination wurde der Wurf einem bestimmten Homervers zugeordnet. Alternativen zum Homerorakel waren die Astragalorakel, bei denen die Würfel quaderförmig und uneben waren, da sie aus Tierknochen bestanden, die Buchstabenorakel, bei denen Lose mit Buchstaben gezogen wurden, oder richtige Losorakel, bei denen die Lose bereits die kompletten Orakelsprüche oder Antworten auf Fragen trugen.

Funktion der Orakelbefragung war in vielen Fällen die Legitimation von Entscheidungen der Amtsträger, vor allem wenn es um Koloniegründungen ging. Daneben konnten Orakel Entscheidungshilfen für Alltagsprobleme bieten. Man befragte sie nach dem Ausgang von Kriegen, nach Mitteln gegen Unheil wie Seuchen, Krankheiten, Kinderlosigkeit und Verbrechen. Darüber hinaus spielten die Orakel in Griechenland eine zentrale Rolle bei der Festsetzung und Bewahrung gesellschaftlicher Normen. Sie wurden beispielsweise bei der Vergabe von Bürgerrechten oder der Einsetzung von Reformen befragt. Doch auch Anfragen, die einzelne Personen betrafen, wurden getätigt, wenn man zum Beispiel einen Dieb entlarven wollte oder eine gefährliche Reise vor sich hatte.

Meist zählten die Menschen darauf, eine günstige Antwort vom Orakel zu erhalten. So kam es des öfteren vor, daß die Befragung so oft wiederholt wurde, bis man die gewünschte Antwort erhielt.

Orakelstätten waren meist an Übergangsorten zur Unterwelt angesiedelt, also an Brunnen, Quellen oder Erdspalten. Man wollte so eine Verbindung zum Reich der Toten herstellen, da man die Toten für die Träger des Wissens hielt.

Mit dem Übergang von der heidnischen Antike zum Christentum ändert sich einiges in der Wahrsagerei: Die Grundvoraussetzung, daß der Mensch Zugang zur Zukunft erhalten kann, bleibt zwar erhalten, doch geht man nun davon aus, daß nur Gott die Zukunft kennt und man nur über ihn Kenntnisse erhalten kann. Die alten Wahrsagetechniken wie Orakelbefragung und die Wahrsagung mit Hilfe von Tieren werden nun abgelehnt, akzeptiert wird nur noch die prophetische Vision.

Ende des 15. Jahrhunderts schreibt Johannes Hartlieb in seinem ‹Buch aller verbotenen Künste›, sämtliche Wahrsagetechniken seien Aberglaube und Verführungen des Teufels. Man solle sich deshalb davon fernhalten. Zu den sieben «verbotenen Künsten» rechnet er Nigromantie (schwarze Kunst, Wahrsagungen durch rückkehrende Tote), Geomantie (Wunderzeichen aus dem Erdreich), Hydromantie (Wahrsagung aus dem Wasser), Aeromantie (Wahrsagung aus der Luft), Pyromantie (Wahrsagung aus dem Feuer), Chiromantie (Handlesen) und Spatulamantie (Deutung von Knochen). Damit spricht er die wichtigsten Wahrsagetechniken an, die er jedoch allesamt als Ketzerei und Teufelswerk verflucht.

1783 gibt C.B. Funk in seiner Schrift über die ‹Natürliche Magie› zu bedenken, daß es sich bei dem Wahrsagen aus Eingeweiden meist um Betrug gehandelt habe. Die Priester wollten immer die fettesten Tiere bekommen und gaben deshalb vor, man dürfe den Göttern nur die ausgesuchtesten und besten Tiere bringen. Daß sie dennoch gelegentlich mit ihren Vorhersagen recht hatten, lag daran, daß man an den Eingeweiden erkannte, ob ein Tier krank war. Je nach Art der Krankheit konnten daraus (auf ganz natürliche Art und Weise) Auswirkungen auf die Menschen wahrgesagt werden. Kriege oder ähnliches könnten mit Hilfe dieser Orakelmethode keinesfalls prognostiziert werden.

Die Methode der Vogelbeobachtung läßt sich laut Funk ebenfalls auf eine ganz natürliche Erklärung zurückführen: Das Geschrei der Vögel sage Luftveränderungen, deren Flug die Windrichtung an. Daraus könne auf das kommende Wetter geschlossen werden.

Auch Noël Antoine Pluche hält in seiner ‹Historie des Himmels› von 1764 solche Orakelmethoden wie die Vogeldeutung und die Weissagung aus Eingeweiden für «Possen». Es sei Zufall gewesen, wenn eine Vorhersage tatsächlich eintraf. Falls dies nicht der Fall gewesen sei, habe man die Schuld auf eine andere «ungünstige Gottheit» geschoben.

Solche Einsprüche mögen dazu geführt haben, daß man das Wahrsagen aus Eingeweiden aufgegeben hat. Doch Losorakel sowie auch die Deutung des Flugs und Geschreis von Vögeln treten auch in der heutigen Wahrsagerei noch auf: Der Käuzchenruf vor einem nächtlich erleuchteten Fenster heißt, daß jemand im Hause stirbt; der Kranich, der mit Geschrei ums Haus fliegt, hat glückliche Vorbedeutung; der Rabe gilt als Unglücksvogel und sein Krächzen als tod- und unheilbringend; wenn Schwalben um das Haus fliegen, ist das ein gutes Zeichen. Diese und ähnliche Sprüche sind heute noch von vielen Menschen zu hören.

Daneben erfreuen sich heute vor allem das Handlesen und das Kartenlegen großer Beliebtheit. Die Handlesekunst (Chiromantie) versucht die Zukunft eines Menschen aus den Linien und Formen seiner Hände vorherzusagen. Sie geht davon aus, daß beim gesunden Menschen alle Handlinien voll und gleichmäßig entwickelt sind und eine rötliche Färbung aufweisen. Plötzliche Knicke und gelbliche Färbungen deuten auf gewisse Schwächen hin. Daneben muß der Handleser jedoch auch auf von den Linien gebildete Figuren, den Zustand der Fingernägel und andere Erscheinungen achten. Wissenschaftler kritisieren, daß bei der Deutung viel Phantasie und Willkür im Spiel ist. Dem halten Befürworter jedoch entgegen, daß die Hand seit jeher als Schlüssel zur Persönlichkeit und zum Innenleben eines Menschen galt.

Die frühesten Hinweise auf Zukunftsdeutungen aus den Händen finden wir in altindischen Schriften im 1. Jahrhundert v. Chr. Und bereits aus dieser Zeit gibt es Belege dafür, daß die unehrlichen Praktiken der Handleser angeprangert wurden. Im antiken Griechenland wurde das Weissagen aus der Hand zu einem vollständigen System weiterentwickelt. Aristoteles betonte die Bedeutung der Handlinien und erkannte ihnen eine Weissagungsfunktion zu. Cicero dagegen zog das Handlesen wie auch die Astrologie ins Lächerliche.

Die christliche Kirche des Mittelalters stand der Chiromantie ambivalent gegenüber. Thomas von Aquin griff zwar einige okkulte Praktiken an, nicht jedoch das Handlesen. Zahlreiche Gelehrte wie Paracelsus bedienten sich dieser Wahrsagetechnik. Als Zweig der Medizin wurde sie bis ins 17. Jahrhundert zur Diagnose von Krankheiten benutzt und selbst im 18. und 19. Jahrhundert noch als Möglichkeit akzeptiert, die Persönlichkeit des Menschen zu eruieren. Im 20. Jahrhundert wurde sie schließlich vor allem von Zigeunern und Jahrmarktswahrsagern gepflegt und von vielen als Betrügerei abgelehnt.

Ähnlich widersprüchlich beurteilt man das Kartenlegen, das zugleich die am weitesten verbreitete Art des Wahrsagens darstellt. Der Ursprung des Kartenlegens liegt vermutlich ähnlich weit zurück wie der des Handlesens, bleibt jedoch weitgehend im dunkeln. Sicher ist, daß sich mit dem Auftreten der Spielkarten in Europa um 1300 auch deren zukunftsdeutende Verwendung ausbreitete. Sowohl gewöhnliche Spielkarten als auch eigens dafür konzipierte Karten wurden zum Wahrsagen verwendet. Die berühmteste Kartenlegerin war Madame Lenormand, die in der Zeit der Französischen Revolution und der ersten Kaiserzeit für Robespierre, Marie Antoinette, Kaiserin Josephine und Friedrich Wilhelm III. Karten legte und die Zukunft wahrsagte.

Wichtig ist, daß derjenige, der sich die Karten legen läßt, an deren Bedeutung glaubt. Seine Gedanken müssen sich ganz auf die gestellten Fragen einstimmen. Die Aussagen sind oft sehr allgemein gehalten und lauten zum Beispiel «Nehmen Sie sich in acht vor bösen Menschen». Mit viel Phantasie lassen sich diese Aussagen auf das persönliche Schicksal übertragen. Gerade Jahrmarktskartenleger versuchen, indem sie eine geheimnisvolle

Stimmung herstellen, die betreffende Person empfänglich dafür zu machen, die eigene Phantasie spielen zu lassen und die Wahrsagebotschaft auf sich anzuwenden.

Lit.: Marianne Bernhard: Aberglaube. Von der schwarzen Katze bis Freitag den 13., München 1984; Albert S. Lyons: Der Blick in die Zukunft. Eine illustrierte Kulturgeschichte, Köln 1991; Georges Minois: Geschichte der Zukunft. Orakel, Prophezeiungen, Utopien, Prognosen, Düsseldorf/Zürich 1998; Olga Rinne: Die Bilder im Wasser. Lesebuch der Wahrsagekünste in Europa, Darmstadt/Neuwied 1983; Veit Rosenberger: Griechische Orakel. Eine Kulturgeschichte, Darmstadt 2001; Philipp Schmidt: Dunkle Mächte. Ein Buch vom Aberglauben einst und heute, Frankfurt am Main 1956; Robert K. G. Temple: Götter, Orakel und Visionen. Die Zukunftsschau im Altertum und heute, Frankfurt am Main 1982.

Wunderheilungen

«Wunder. Beten half: Sohn erwachte aus Koma». Diese Schlagzeile war im Juli 1999 in der Presse zu lesen. Ein Junge aus Priverno war nach zwei Jahren überraschend aus dem Koma erwacht, nachdem seine Eltern täglich zu Papst Pius gebetet hatten. Die Ärzte hatten für die Heilung keine Erklärung, die Eltern waren sich sicher: «Es war ein Wunder.»

Das wohl bekannteste Vorbild solcher Wunderheilungen kennen wir aus dem Neuen Testament. Dort wird erzählt, daß Jesus Lahme, Blinde und andere Kranke allein durch Handauflegung oder Worte heilte.

Ähnlich wie dies bereits die Priester antiker Kultorte getan hatten, begannen die Priester im Mittelalter damit, Wunderheilungen aufzuzeichnen. Sie trugen in sogenannte Mirakelbücher Geschichten von Menschen ein, denen Gott durch ein Wunder geholfen und von einem Leiden befreit hatte. Ab dem Ende des 15. Jahrhunderts lagen die Bücher auch in gedruckter Form vor und waren nun in deutsch verfaßt, so daß sie eine größere Breitenwirkung erzielten. Gerade in der Barockzeit, als eine wahre Wallfahrtsbegeisterung um sich griff, mußte jeder Wallfahrtsort sein Mirakelbuch besitzen und darin die dort bewirkten Wunderheilungen festhalten.

Neben den Mirakelbüchern entstanden ab etwa 1500 auch Mirakelbilder, die eine ähnliche Funktion wie die Bücher besaßen. Sie gaben die Ereignisse, die sich vor kurzer Zeit an dem Wallfahrtsort zugetragen hatten, illustriert wieder. Ihr Ziel war es, damit den Ruhm des Wallfahrtsortes zu mehren, Pilger anzuziehen und ihr Vertrauen in die Kraft des Ortes zu stärken. Sie wurden im Auftrag der Kirche von Künstlern angefertigt und trugen neben der Abbildung immer einen Text, der das Ereignis als sachliche Nachricht, ähnlich dem Eintrag in einem Mirakelbuch, verzeichnete.

Im Unterschied zu Mirakelbildern waren Votivtafeln, die als weitere Quelle für Wunderheilungen in der Frühen Neuzeit fungieren, meist kleiner, mit wenig Text beschriftet und wurden von den Pilgern selbst zum Zweck der Bitte oder des Dankes gestiftet. Sie berichten von Menschen, die sich in einer gefahrvollen oder aussichtslosen Lage an Gott oder einen Heiligen mit der Bitte um Hilfe und Rettung wenden. Diese prekäre Situation kann vielerlei Art sein, meist handelt es sich jedoch um eine Krankheit oder eine Verletzung, die mit Hilfe des Gelöbnisses geheilt werden soll. Die Tafeln wurden von den Betroffenen bei einem Dorfkünstler in Auftrag gegeben und als Bitt-, Gelübde- oder Danktafeln an einen Wallfahrtsort «versprochen». Ein Votivbild besteht meist aus vier Teilen: der anschaulichen Vergegenwärtigung der angerufenen himmlischen Macht (Gott, Maria, Heilige) oft in Gestalt eines Gnadenbildes, der Abbildung der betroffenen Person, einem Hinweis auf den Anlaß sowie einer kurzen Inschrift.

Eines der ältesten erhaltenen Votivbilder in Deutschland berichtet folgendes: «Oswald Diestel, ein Pürger zu Gmünd, ist vor sechs Jahren zu Altenötting gewesen mit seinem Sohn, der hinfallend Siechtum hätt. Hätt ein wenig gepessert, hatt er ihm fürgenommen, nimmer gegen Altenötting kummen, nun in der Wochen nach Oculi im 1501. Jahr in große Krankheit gefallen, daß er gelegen ist mit offenen Augen unredent bis an den dritten Tag, und viel Volk zum ihm gangen, niemand erkennt noch gesehen, und seines Lebens gar verziegen. Haben also in sein Hausfrau herversprochen mit einem Priester und mit einem wachsen Haupt und ist gesund worden. Sag er Lob und Dank der Jungfrau Maria in Ewigkeit. Und ist hie gewest am Suntag vor dem Auffahrttag. Im 1501. Jahr.»

Später reduziert sich der Text oft auf den Spruch «Ex Voto», was soviel bedeutet wie «aufgrund eines Versprechens». Zum Teil werden nur noch die Körperteile bildlich oder auch plastisch dargestellt, die geheilt wurden. Zeitgleich mit dem Höhepunkt des barocken Wallfahrtskults im 17. und 18. Jahrhundert erlebte auch das Votivbild seine Glanzzeit. Um 1800 wurde das wallfahrtliche Opferwesen schließlich von den aufklärerischen Obrigkeiten verboten. Doch wurde der Brauch dadurch nicht ausgerottet – das bezeugen die zahlreichen Votivbilder, die im 19. Jahrhundert und selbst heute noch an den Wallfahrtsstätten aufgestellt werden.

Da die Menschen des Mittelalters und der Frühen Neuzeit Krankheiten nicht nur als Störungen körperlicher Funktionen betrachteten, sondern auch als Strafe oder Prüfung Gottes, werteten sie Heilungen als göttliches Eingreifen, als Wunder. Gerade anhand der Texte der Votivtafeln und Mirakelbücher gewinnt man den Eindruck, daß Wunderheilungen als etwas Selbstverständliches, Alltägliches begriffen wurden. Erst im 17. Jahrhundert verlor das Heilungswunder allmählich seinen sinnstiftenden realen Gehalt, seine Selbstverständlichkeit.

Heute werden solche Heilungen von der Medizin meist als Suggestion oder Placebo-Effekte erklärt: Die Menschen glauben fest daran, daß ihnen aufgrund ihres Betens, ihres Anrufs eines Heiligen oder einer Wallfahrt geholfen werde, und allein dieser Glaube macht sie wieder gesund. Andererseits erkennen die Mediziner auch, daß Gebete einen beruhigenden Effekt auf den Körper haben und das Herz entlasten. Auch das könnte manche heilende Wirkung von Gebeten erklären.

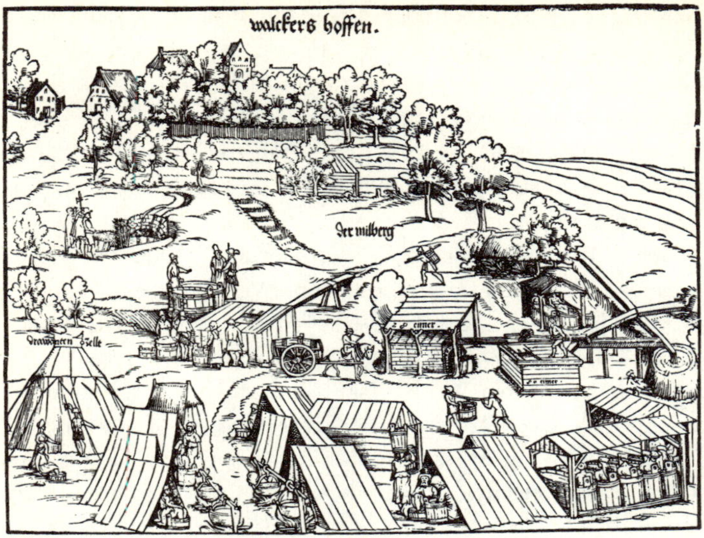

1551 entdeckte man im bayerischen Walkershofen eine Heilquelle, die angeblich gegen vielerlei Krankheiten helfen sollte

Heute machen sich nach wie vor viele Menschen den Glauben an Heilung durch Gebet zunutze und pilgern zu Wallfahrtsorten, um dort zu beten und auf Heilung zu hoffen. So wird weiterhin von Heilungswundern wie dem eingangs erwähnten Wunder des Jungen, der aus dem Koma erwachte, berichtet. Ähnliches geschah mit einer Nonne, die unheilbar an Krebs litt. Auch sie betete, woraufhin ihr der Papst Johannes XXIII., der drei Jahre vorher gestorben war, erschien und sie von ihrem Leiden erlöste. Diese Heilung wurde von der Kirche als Papstwunder anerkannt und führte zur Seligsprechung des Papstes im Jahr 2000.

Wunderheilungen können auch mit Hilfe von **Quellen** eintreten, deren Wasser man eine besondere Kraft zuspricht. Man sagt von ihnen, daß sie sämtliche Krankheiten wie Blindheit, Lahmheit, Aussatz oder Krebs verschwinden lassen. Von solch einer Heilung berichtet ein Flugblatt über den Wunderbrunnen, der 1551 bei Walkershofen gefunden wurde. Ein «Paurßman», der sehr krank war, habe «ein wässerlein» entdeckt, weitergegraben und eine Quelle gefunden. Als er in dem Wasser gebadet hatte, «ist ime also geholffen, und an seinem leib gesund worden». Daraufhin sei die Quelle bekannt geworden und habe auch anderen Menschen helfen können.

Mit der genauen «art und eigenschafft» des Brunnens befaßt sich der Autor einer Flugschrift über den Wunderbrunnen bei Hameln von 1556. Seiner Analyse nach sei das Wasser «Metallisch und saur» und habe eine «gehlrote farbe», die man «auff deutsch Ockergehl» nenne und die das Wasser «besser und krefftiger» mache. Außerdem sei der Brunnen «von Gott, mit ... tugenten reichlich begabet», woraufhin der Autor die verschiedenen Krankheiten aufzählt, die das Wasser heilen kann. Zur Beglaubigung fügt der Autor den Bericht eines Pfarrers bei, der in der Nähe des Brunnens wohnt und dessen Heilwirkung bezeugt. Wenn das Wasser einigen nicht helfe, so sei das nur darauf zurückzuführen, «das sie nicht lange darinnen baden, und zu sehr davon eilen». Abschließend dankt der Autor Gott, «dem kein ding unmüglich ist», der also letztlich für diese Heilungen verantwortlich ist.

Große Bekanntheit erlangte der Wunderbrunnen von Hornhausen 1646. Der Grund dafür könnte darin liegen, daß es sich hier nicht nur um einen, sondern gleich um zwanzig Wunderbrunnen handelt. Angefangen hat es mit drei «Haubtbrunnen», die jedoch schon nicht von einheitlicher Qualität gewesen seien. Während der erste der «süsseste» gewesen sei, sei der zweite «sehr gesaltzen», der dritte jedoch «der mittelmässigste zwischen dem ersten und andern» gewesen. Deshalb sei das Wasser der einzelnen Brunnen auch unterschiedlich gut zu gebrauchen. Das Wasser des ersten sei nämlich nicht sehr haltbar, weswegen es «nicht weit über Land kan geschickt werden». Lediglich das Wasser des zweiten sei «sonderlich und köstlich gut vor die eusserlichen Schäden». Als Urheber dieser Wunderquellen nennt der Autor den «himmlischen Artzt Christus Jesus».

Über die Eigenschaften der Quellen in Hornhausen hat sich ein Arzt Gedanken gemacht und kam zu dem Schluß, «daß diese Brunnen mehrentheils schwefelicht und saltzig, darbey das Salz zwar etwas Corporalisch, jedoch vielmehr geistlich und Sprititualisch zu verspühren, als ist gewiß, die Erfahrung hats auch biß dato erwiesen, daß durch deroselben gebührlichen Gebrauch, alle böse Feuchtigkeiten des Gehirns, auch alle andere kalte Flüsse des gantzen Leibes verzehret worden». Neben der heilenden Wirkung sieht der Arzt jedoch auch negative Folgen. So könne das Wasser bei manchen Menschen «hitzige Wassersucht, Fieber, auch wol febrem hecticam», bei anderen «allerley Hauptwehe, hitzige Augen, Kranckheiten, scharffe Flüsse, auch wol Lungensucht, Schwinden der Nieren, Verzehrung oder Abnehmung des gantzen Leibes verursachen». Deshalb solle man vor allem beim Trinken des salzigen Wassers sehr vorsichtig sein.

Friedrich Salchmanus dagegen geht in seiner Abhandlung über den «Hornhausischen Gesund-Brunnen» davon aus, daß eine wissenschaftliche Klärung des Brunnens nicht nötig sei, da «nemlich die jenigen, so Hülffe erlanget, ohne einige vorhergehende Wissenschaft des Brunnens Krafft und Wirckungen, hinzu getreten, und der Hülffe erwartet». Die wunderwirkende Kraft des Brunnens sowie der Glaube der Kranken an diese Kraft seien also ausschlaggebend.

Den festen Glauben an die Wirkung des Brunnens sieht auch Adam Schaffer 1660 als das wichtigste an. Er ist der Meinung, daß es nicht «für ein natürlich Ding, sondern vielmehr übernatürlich, als ein Wunderwerck Gottes zuhalten und zuachten sey» und daß «die Krafft und Würckung dieses Wassers ... Nicht in einem Corporalischen oder Mineralischen, sondern gantz flüchtigen Spiritualischen Wesen bestehe, nächst der Wunderthätigen Göttlichen Allmacht und Allwissenheit.» Allerdings gibt Schaffer zu bedenken, daß «auch allerhand Betrug und Mißverstand» mit solchen Brunnen betrieben werde, wobei er fünf Arten des Betrugs unterscheidet: Die Anwohner preisen den Brunnen ohne Nachforschung an, um sich dadurch einen finanziellen Vorteil zu verschaffen; Bettler wollen Gewinn aus der Sache ziehen, indem sie eine Heilung vorgeben; manche verleugnen die Kraft des Wassers oder sagen aus Furcht vor Beschämung aus, sie seien geheilt worden; einige glauben nur daran, um anderen einen Gefallen zu tun; schließlich werden gelegentlich Heilungen dem Wasser zugeschrieben, die auf natürlichem Weg zustande gekommen sind.

Die Berichte des 16. und 17. Jahrhunderts sprechen vor allem von der heilwirkenden Kraft der Quellen. Diese wird meist als positive Kraft bewertet, die einen kommenden Frieden auf der Erde erhoffen läßt. Die Wunderbrunnen werden also zunächst positiv und nicht als Strafe Gottes – wie viele andere Wunderzeichen – bewertet. Im 17. Jahrhundert tauchen jedoch erste Zweifel auf: Man gibt zu bedenken, daß die Heilung nicht unbedingt Folge des Wassers sein müsse; Ärzte sehen auch negative Folgen, die das Wasser haben kann, und raten zur Vorsicht. Diese Zweifel werden im 18. Jahrhundert fortgeführt. So empfiehlt der Verfasser des ‹Buchs vom Aberglauben›: «Allein man muß solchen Quellen niemals trauen, bevor sie nicht von Aerzten untersucht und gut befunden worden sind.»

Dieser Warnung versucht 1743 Johann Jacob Korn mit seinem «vernünftigen und Erfahrungs-gemäßen Rath wie der Charlotten-Brunn bey Tannhausen, in dem Schweidnitzischen Fürstenthum, so wohl im Trincken als Baden, ordentlich und nützlich zu gebrauchen» sei, nachzukommen. Dazu bestimmt er zunächst den «Gehalt des Charlotten-Brunnens», indem er die Analysen «Natur- und Kunst-erfahrner Medici» zusammenfaßt: «a) Auf ein helles, reines, klares Wasser, b) Ein durchdringend duftiges Wesen, welches in der Luft leicht verfliegt, und c) Ein zart mineralisch Saltz, welches sich durch das gantze Wasser gleich zertheilet.» Aus diesen drei Eigenschaften des Wassers schließt Korn auf dessen Nutzen. Sowohl die Reinheit als auch das «duftige Wesen» und der Salzgehalt seien jeweils bei bestimmten Krankheiten und Beschwerden hilfreich. Aufgrund der besonderen Wasserqualität dieses Brunnens könne man also «vernunffts-mäßig» auf seinen Nutzen für den menschlichen Körper schließen.

Die besondere Mischung der Wasserbestandteile macht auch Carl Philipp Bruckmann für die Wirkung «der gesunden warmen Brunnen und Bädern zu Ems» 1772 verantwortlich. «Die bewunderungswürdigste, und fast der Menschen Vernunft übersteigende subtile Vereinigung der fixen Ingredientien mit denen flüchtigen, Elastischen und aetherischen Theilen, hiesiger und aller Arten von solchen mineralischen Wassers» sei für die «erstaunende heilsame Würkung» verantwortlich. Um die gewünschte Wirkung jedoch tatsächlich zu erzielen, sei «der rechtmäßige Gebrauch mit der wahren Erkänntniß des Wassers» unabdingbar. Auch wenn Bruckmann genaue Aussagen über den mineralischen Gehalt der Brunnen machen kann, wie eine Tabelle im Anhang der Abhandlung belegt, sind seiner Ansicht nach «noch viele Umstände verdunkelt». Gerade die Tatsache, daß sich sowohl der Mineralgehalt als auch die Wärme der Quellen schon seit Jahren erhalten haben, weise auf «die ohnbegreifliche Allmacht des allmächtigen Gottes» hin.

Wie schon vereinzelt im 17. Jahrhundert, so versucht man im 18. Jahrhundert verstärkt, die Ursache der Heilkraft zu erforschen. Man ist in der Lage, die chemische Struktur des Wassers zu analysieren und diese als Ursache für die positive Wirkung anzugeben. Doch diese spezifische Zusammensetzung erscheint den Ärzten des 18. Jahrhunderts wiederum als etwas so Besonderes, daß sie als Gottes Werk betrachtet werden müsse. Die natürliche Erklärung reicht also nicht dazu aus, den Glauben an übernatürliche Wirkungen auszuschalten.

Auch heute glaubt man noch an die heilwirkende Kraft von Wunderquellen. Dies bestätigen die zahlreichen Wallfahrtsorte, die mit ihrem Wunderwasser werben. So heißt es beispielsweise von Birkenstein, daß der dortige Quellfluß immer noch Augenleiden heile. Allein in Bayern machten Heidemarie und Peter Strauss über achtzig Orte aus, die für ihre Heilquellen bekannt sind. Dabei sei «der religiöse Gesamtcharakter eines Quellbesuchs» durch Wallfahrt, Gebet und Opfergaben erhalten geblieben. Auch wenn man – wie die Schriften aus dem 18. Jahrhundert gezeigt haben – neben der göttlichen auch die medizinische Ursache der Heilungen, nämlich den Heilwert von reinem, mineralischen Wasser, erkannt hat, steht bei den zahlreichen Wallfahrtsorten, die für ihre Heilquellen bekannt sind, die übernatürliche Wirkkraft des Wassers weiterhin im Vordergrund.

Lit.: Hermann Bach: Mirakelbücher bayerischer Wallfahrtsorte. Untersuchung ihrer literarischen Form und ihrer Stellung innerhalb der Literatur der Zeit, Diss. München 1961; Klaus Beitl: Votivbilder. Zeugnisse einer alten Volkskunst, Salzburg 1973; Gernot von Hahn und Hans-Kaspar von Schönfels: Wunderbares Wasser. Von der heilsamen Kraft der Brunnen und Bäder, Aarau/Stuttgart 1980; Walter Pötzl: Augsburger Mirakelbücher, in: Helmut Gier und Johannes Janota (Hg.): Augsburger Buchdruck und Verlagswesen. Von den Anfängen bis zur Gegenwart, Wiesbaden 1997, S. 653–682; Lenz Kriss-Rettenbeck: Bilder und Zeichen religiösen Volksglaubens, München [2]1971; Barbara Schuh: «Von vilen und mancherlay seltzamen Wunderzaichen»: die Analyse von Mirakelbüchern und Wallfahrtsquellen, St. Katharinen 1989; Heidemarie und Peter Strauss: Heilige Quellen zwischen Donau, Lech und Salzach, München 1987; Wilhelm Theopold: Mirakel. Heilung zwischen Wissenschaft und Glauben, München 1983.

Wunderpflanzen

«Die Natur ist sehr mannigfaltig und sehr wundertätig in ihren Bildungen, und man sieht nicht selten Produkte, welche das höchste Erstaunen erregen. Was aber die Natur nicht selbst tut, das tut die geschäftige Einbildungskraft der Menschen, die immer mehr sieht und hört, als wirklich in einer Sache liegt.» So heißt es im ‹Museum des Wundervollen› unter der Überschrift «Eine Rübe mit einem Menschengesichte». Im 16. Jahrhundert wurde noch nicht unterschieden, ob eine seltsame Pflanzenbildung in der Natur selbst oder nur in der menschlichen Einbildungskraft ihre Ursache hat. Man stellte lediglich fest, daß es sich um etwas Außergewöhnliches, Wunderbares handelt.

Am häufigsten wird von wunderbaren Getreideähren berichtet. Im Jahr 1563 sei in der Nähe von Straßburg aus einer einzigen Wurzel ein Weizenstock mit 77 Halmen und unzähligen vollkommenen Körnern gewachsen. Auf immerhin 73 Halme kam ein Weizenstock, der 1569 in Wertingen, in der Nähe von Augsburg, entdeckt wurde. Die Wundertat wird auf Gott zurückgeführt, der damit alle Menschen mit Nahrung versorgen wolle. Wenn die Menschen nach Gottes Willen leben, werde er sie durch derartige Wunder am Leben erhalten.

Die Vorstellung, daß es sich bei dem Wundergetreide um ein Zeichen Gottes handele, drückt sich besonders deutlich in einem Flugblatt von 1614 aus. Es berichtet von 136 Gerstenähren, auf denen Gesichter, Sterne und Kreuze zu sehen waren. Sie wurden von einem Engel, der den Schnittern auf dem Feld erschien, abgeerntet. Dieser übergab sie den Männern mit dem Hinweis, daß es sich um eine Warnung Gottes handele.

Doch zunächst wird das Wundergetreide meist nicht als Zeichen der Warnung, sondern der «Milte, Güte und reichen Segen» Gottes betrachtet, wie dies in einem Flugblatt von 1617 geschieht, das von einem Bauern berichtet, der auf seinem Acker wunderbare, äußerst zahlreiche und vollkommene Ähren vorfand.

Selbst Ende des 17. Jahrhunderts überliefern Flugblätter noch Geschichten von derartigen wunderbaren Ähren. So soll 1695 in Offenbach nach der Ernte eine «acht und zwantzig-fältige Korn-Aehren» sich «fast übernatürlich» hervorgetan haben und zu voller Blüte gereift sein. Diese Wunderähren werden, wie in allen früheren Fällen, als Wunder Gottes ausgegeben, der den armen Menschen gerade zu Zeiten großen Hungers helfen möchte. Die Reichen dagegen sollen dadurch zur Buße aufgerufen werden. Alle Menschen sollen Gott loben und ihn um eine gute Ernte bitten. Dann werde er ihr Gebet erhören und sie mit der nötigen Nahrung versorgen.

Neben Wundergetreide wird in Flugblättern des öfteren von wunderbaren Weinstöcken berichtet. 1560 sei in der Nähe

Abbildung einer besonders fruchtbaren Ähre eines «Wunderweizens» aus dem Jahr 1622

von Prag einer Weintraube ein seltsamer langer Bart gewachsen, «in der erst etwas gelblich, und grauhärig durch einander, wie an eynem alten Man anzusehen, biß zur Erden langend, Hernach aber verändert er sich, und ward an der gestaldt, gleich wie ein dicker Rot farber Mans Bart». Dieser rote Bart sei ein Zeichen für «den grossen zoren Gottes, uber das greuliche unnd verdammliche laster der Trunckenheyt, so leyder schier in allen Landen, beyde bey jungen und alten Personen, seer uberhand genommen, dadurch denn aller unrath ... thut entspringen».

«Wunderbarliche Weintrauben» anderer Art konnten 1590 am Bodensee bestaunt werden. Sie erreichten eine enorme Größe und unterschieden sich auch in Farbe und Aufbau von normalen Weintrauben. Die größte Traube habe sich «inn der form eines kleinen auffgespitzten jungen Tannen bäumlins» gezeigt und sei insgesamt «zwen Werkschuch und vier Zölle» breit gewesen. Der Autor betrachtet die Wundertraube als «Warzeychen seiner Göttlichen Barmherzigkeyt und Allmächtigkeyt gegen der Gottlosen mißträuigen Welt».

Wie das Wundergetreide werden also auch die Wundertrauben zum Teil als Zeichen der Güte Gottes betrachtet. Weit öfter jedoch gelten sie als negative Warnzeichen, mit denen Gott die gottlosen Menschen vor Trunkenheit und anderen Lastern ermahnen möchte.

Mit dem immens großen Weißkrautkopf, der 1553 in der Nähe von Nürnberg gewachsen ist, werde «ein gut fruchtbar Jar» angezeigt. Auch die Birnen, die im Herbst 1580 nach einer zweiten Blüte bei Dinkelsbühl geerntet werden konnten, werden als «übernatürlich ding» bezeichnet, «welches uns Gott nit one sondere bedeutung» schickte.

Die seltsamen Disteln dagegen, die man 1579 in Bamberg fand, seien zwar ebenfalls von übernatürlicher Gestalt und in keinem Kräuterbuch verzeichnet. Doch hätten sie keine positive Bedeutung, sondern seien ein Zeichen für «Vätterliche vermanung und Bußpredigt». Die übergroße Distel wird als Symbol für den wachsenden Übermut der Menschen und vor allem die «abscheulichen unordnungen in kleidern und andern sachen» betrachtet, die gottlos und verstockten Herzens alle Zeichen in den Wind schlügen. Deshalb solle man auf derartige Gewächse achten und sie sich eine Lehre sein lassen.

In diesem Sinne wird auch ein wunderbares Gewächs interpretiert, das im Jahr 1625 aus einem Baumstrunk entstand. Aus den einzelnen Verzweigungen des abgeschlagenen Baums hätten sich ein Löwe, eine Lilie, ein Pferdefuß und ein Delphinkopf gebildet. Mit dieser Beschreibung sind wir bei der zweiten im ‹Museum des Wundervollen› genannten Ursache für «Wunderpflanzen» angelangt, nämlich der menschlichen Einbildung.

Während es sich bei dem eben beschriebenen Beispiel eher um ein Phantasiegebilde handelt, können die Weintrauben, Birnbäume sowie das Getreide als erklärbare Abweichung der Natur gelten. Solche Abweichungen werden zunächst als «Mißbildungen» und «Wunder» bezeichnet, die Wissenschaftler im 18. und 19. Jahrhundert versuchten jedoch, diese als «Bildungsabweichungen» bzw. «Abnormitäten» zu erklären. So schreibt Albert Wigand in seiner ‹Grundlegung der Pflanzen-Teratologie› von 1850, daß «jene Bildungen stets innerhalb der allgemeinen Bildungsgesetze verharren». Man müsse die Naturgesetze so weit fassen, daß alle Bildungen darunter subsumiert werden können. Diesen Grundsatz machten sich sämtliche Biologen zu eigen und konnten den Großteil der «Mißbildungen» als reguläre Abnormitäten erklären.

So handelt es sich bei dem wunderbaren Getreide meist um abnorme Blütenstandsverzweigungen, die bei der Gerste nicht selten, beim Weizen jedoch ungewöhnlich sind. Durch Neubildungen an der Basis der primären Ährenspindel entstehen sekundäre Seitenähren, die in der großen Anzahl, wie sie in den beschriebenen Fällen auftraten, äußerst selten sind. Es handelt sich um zufällige Erscheinungen, die vor allem isoliert in fremder Umgebung (zum Beispiel in Haus- oder Weingärten) auftreten. Eine Ertragssteigerung ist durch diese Mißbildung, entgegen der Meinung der Flugblattautoren, kaum möglich, da die Kornqualität sehr schlecht ist und die Abnormität nicht weitervererbt wird.

Um eine andere Art von Mißbildung handelt es sich beim Wunderroggen. Die sogenannte Horstbildung ist eine relativ häufige Erscheinung bei allen Gräserarten. Denn die Gräser verzweigen sich meist nur an den dicht am Boden liegenden Halmknoten; die Seitentriebe können in großer Anzahl sehr dicht nebeneinander entspringen und bilden so geschlossene Horste.

Auch die wunderbaren Weintrauben lassen sich auf natürliche Phänomene zurückführen. Ursache der Bartbildung ist die Schmarotzerpflanze Cuscuta, die mit ihren büschelig stehenden kleinen Blüten den Weintrauben einen «Bart» anhängt. Franz J. Meyen schreibt in seiner ‹Pflanzen-Pathologie› von 1841, daß diese Schmarotzerpflanze für die Pflanzen schädlich sei, «indem sie ihnen wirklich die Nahrungssäfte aussaugt und ihren Wachsthum sehr vermindert». Obwohl bereits Petrus Borellus 1656 diese Erklärung gefunden hatte, behandelte man die bärtigen Weintrauben bis ins 19. Jahrhundert als Wundergewächse.

Die Riesenweintrauben sind auf sogenannte Verbänderung (Fasziation) zurückzuführen. Aufgrund verbänderten Wachstums kommt es zur Ausbildung einer Vielzahl beieinander sitzender Trauben, und auch die Blattzahl nimmt meist zu.

Der wunderbare Blütenbaum ist biologisch mit dem Phänomen der sogenannten median-floralen Prolifikation erklärbar. Das heißt, die zweiten Blüten im Herbst sind aus dem Inneren der Früchte gewachsen, es handelt sich deshalb um sogenannte durchwachsene bzw. proliferierende Birnen. Diese Erscheinung betrifft selten alle Blüten eines Baumes. Zudem zeigen die sekundären Blüten oft starke Abweichungen von der gewöhnlichen Form, sie unterscheiden sich zum Beispiel in der Anzahl der Kelch- und Kronblätter.

Schließlich kann auch die Wunderdistel mit Hilfe biologischer Termini erklärt werden. Charakteristische Merkmale dieser Pflanzenmißbildung sind eine Überproduktion von Blättern in unregelmäßiger Anordnung sowie ein ungewöhnlich flaches,

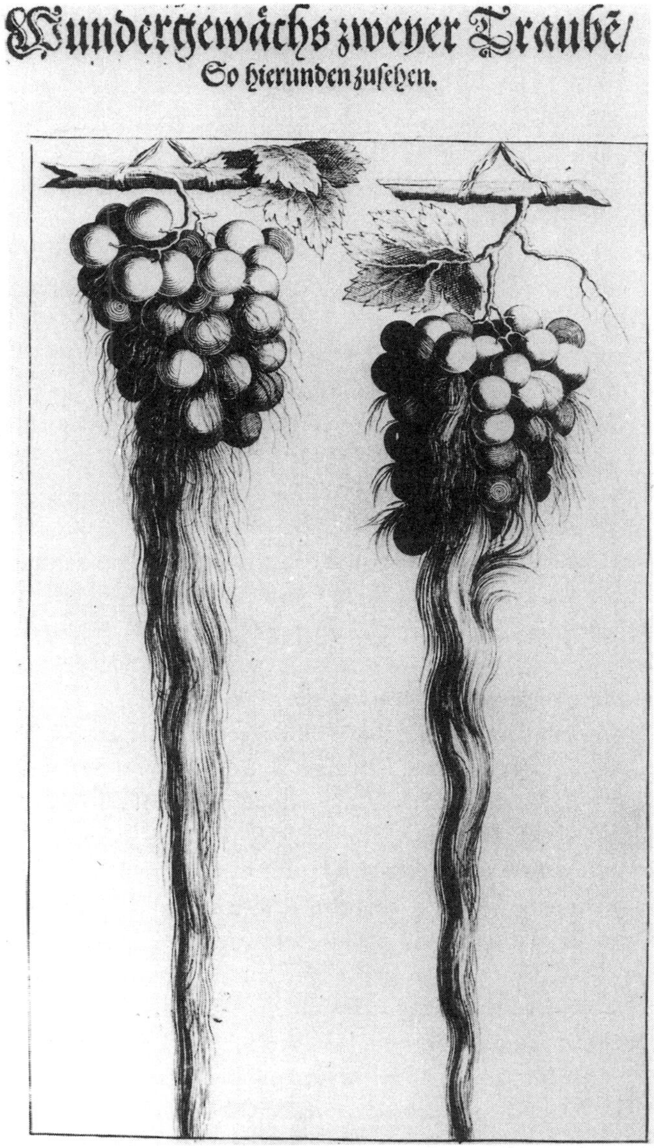

Flugblatt über zwei bärtige Wundertrauben von 1610

bandartiges Wachstum. Dies weist auf ein Phänomen hin, das wir schon von den Rebstöcken kennen, nämlich die Fasziation (Verbänderung). Diese Erscheinung ist an sich nicht ungewöhnlich, dennoch wird davon noch bis in die jüngste Zeit als etwas Außergewöhnlichem berichtet.

Für sämtliche Wunderpflanzen gibt es also eine ganz natürliche Erklärung. Es handelt sich durchweg um pflanzliche Mißbildungen, die zum Teil selten, zum Teil sogar öfter auftreten. Obwohl spätestens im 18. Jahrhundert Erklärungen dafür gefunden wurden, hielten sich Berichte über die Wunderpflanzen bis ins 19. und sogar 20. Jahrhundert.

Daß sich die Deutung im Laufe der Jahrhunderte jedoch änderte, zeigt ein Beispiel aus Amerika. Denn die Amerikaner, die Anfang des 20. Jahrhunderts einen «Wunderweizen» angebaut hatten, sahen darin kein Zeichen Gottes. Ihnen ging es vielmehr um den finanziellen Vorteil, der sich dadurch erzielen ließ. In einem Gerichtsprozeß wurde die Frage erörtert, ob «der in Frage stehende Weizen dem gewöhnlichen Weizen überlegen war oder nicht», was schließlich bejaht wurde. Denn der Wunderweizen lieferte 25mal soviel Ertrag wie ein gewöhnlicher Weizen. Seine besondere Eigenschaft bestand darin, eine breite Pflanze zu bilden, so daß allein die Mutterpflanze mehr als 4000 Körner enthielt. Der Bauer, der die Pflanze zunächst für eine Art Seegras gehalten hatte, gab ihr aufgrund dieser ungewöhnlichen Zeugungskraft den Namen «Wunderweizen», unter dem er dann auch mit großem Erfolg vertrieben wurde.

Der Begriff «Wunderweizen» bezieht sich in diesem Fall aus dem 20. Jahrhundert also nicht mehr auf eine übernatürliche Einwirkung Gottes, sondern allein auf die Tatsache, daß das Wachstum der Pflanze von der normalen Entwicklung abweicht. In dieser Bedeutung führt die heutige Botanik noch einige Pflanzen mit dem Zusatz «Wunder-», wie zum Beispiel die Wunderblumengewächse, die man zur Gattung der Nelkenartigen zählt und in ca. 30 Gattungen und 290 Arten unterteilt. Auch die Zaubernußgewächse gelten als Wunderpflanzen, und zwar deshalb, weil sie zum einen mechanisch auf äußere Impulse, auf Kälte und Wärme reagieren können und zum anderen einen heilenden und kosmetischen Inhaltsstoff besitzen. Wunderpflanzen gelten heute somit nicht mehr als etwas Übernatürliches, sondern als etwas ganz Natürliches, das lediglich durch bestimmte Mißbildungen oder besondere Eigenschaften vom Gewöhnlichen abweicht.

Lit.: Lexikon der Biologie in acht Bänden. Allgemeine Biologie: Pflanzen, Tiere. Freiburg/Basel/Wien 1987; Franz Julius Ferdinand Meyen: Pflanzen-Pathologie. Lehre von dem kranken Leben und Bilden der Pflanzen, bearb. und hg. von Ch. G. Nees von Esenbeck, Berlin 1841; Klaus Napp-Zinn: Mißbildungen im Pflanzenreich, Stuttgart 1959; Ottone Penzig: Pflanzen-Teratologie, 3 Bände, Berlin [2]1921; Albert Wigand: Grundlegung der Pflanzen-Teratologie oder Gesichtspuncte für die wissenschaftliche Betrachtung der Bildungsabweichungen im Pflanzenreiche, Marburg 1850; www.manfred-gebhard.de/19232Wunderweizen.htm.

Wunderregen

Neben **Kornregen** (→ Nahrungswunder) und **Blutregen** (→ Blutwunder) als häufigsten Wunderregenarten treten gelegentlich auch **Schwefelregen** auf. Diese werden in der Frühen Neuzeit meist wie Blutregen als unheilvolle Vorzeichen für Krieg, Unheil, Krankheit und Tod gedeutet. Interessant ist jedoch die ‹natürliche› Deutung, also die Erklärung, worum es sich bei dieser Art von «Wunderregen» wirklich handelt.

In seinem ‹Grab des Aberglaubens› von 1778 erklärt Ernst-Urban Keller den sogenannten Schwefelregen mit Hilfe des Blütenstaubs, der sich im Frühling auf dem Wasser sammelt. Als Beweis dafür sieht er die Eigenschaft des Schwefels, «der fast noch einmal so schwer ist als das Wasser» und deshalb «darin untergehet», während der Blütenstaub auch nach dem Umrühren wieder an die Wasseroberfläche kommt und oben schwimmt.

Johann Peter Hebel schreibt 1806, es handele sich um den «blütenstaub der rottanne, der in gestalt eines feinen, gelben, schwefelblumen ähnlichen pulvers ende mai häufig ausfällt und, vom regen zusammengespült, auf dem erdboden liegt».

Bereits seit dem Ende des 18. Jahrhunderts war also klar, daß der «Schwefelregen» seinen Namen nur aufgrund der gelben Farbe erhalten hatte, es sich in Wirklichkeit jedoch um Blütenstaub handelt. Dies erklärt, warum der Ausdruck «Schwefelregen» bereits im 19. Jahrhundert nur noch selten belegt und heute gänzlich verschwunden ist.

Wie Schwefelregen wurde auch **Feuerregen** zunächst als Vorzeichen für Unheil betrachtet. Eine Flugschrift von 1536 berichtet von einem Feuerregen, der sich bei einem Unwetter in Schlesien zugetragen haben soll. Nachdem zunächst Stürme und Gewitter aufgekommen seien, habe es begonnen, Feuer zu regnen. Dieses Feuer habe die Häuser sowie die Menschen darin angezündet. Danach habe es auch noch Steine geregnet, die Gebäude zerstörten und Menschen erschlugen. Sodann habe es im Sturm wiederum Feuer geregnet, das diesmal von außergewöhnlicher Art gewesen sei. Es war «von seltzamer gemischter farbe» und habe «gantz harte und greulich gestuncken». Hühner- oder gänseeiergroße brennende Stücke seien vom Himmel gefallen, auf der Erde zersprungen und die Funken wieder in die Höhe geflogen.

Wie reagierte die Bevölkerung darauf? «Von solchem ungewonlichem unnd gantz grausamen anblick ist das volck inn der Statt, so sehr erschrocken (wie ain yegklich Christen hertz wol abnemen kan) das sy nicht anders gedacht haben, dann es solte der tag unnd stundte des letsten und ernsten Gerichts der welt vorhanden sein.» Der Autor der Flugschrift schreibt, es handele sich hier um «die wunderlichen werck Gottes ..., welche er darumb sehen läßt, das wir betrachten sollen, wie er allain unnser Gott und schöpffer sey, wir aber ain armer staub und asche, den er durch den gayst seines mundes lebendig gemacht hat, und in auch widerumb, wenn er will, kan dahin werffen, als habe er nye gelebet». Ähnlich wie → Naturkatastrophen stellte der Feuerregen also an sich schon ein Unheil dar, galt zugleich jedoch als Zeichen künftigen schlimmeren Unheils, das Gott über die sündhaften Menschen hereinbrechen lassen kann.

Im 18. Jahrhundert wandte man sich allmählich von dieser Wunderzeichendeutung ab und fand eine ganz natürliche Erklärung für den Feuerregen. Es handelt sich entweder um echtes Feuer, das jedoch nicht vom Himmel regnet, sondern sich durch den Wind weiter verbreitet. Oder es ist, wie es im ‹Buch vom Aberglauben, Mißbrauch und falschen Wahn› 1790 heißt, «die electrische Materie, die in den Regentropfen außerordentlich stark herabfließt, wodurch ein helles Glänzen hervorgebracht wird, welches man, besonders wenn es dunkel ist, bemerken kann».

Ein weiterer «Wunderregen» soll sich 1579 in Norwegen ereignet haben. Wie eine Flugschrift berichtet, habe es dort **Ratten** vom Himmel geregnet. Mit ihren «beissenden zeenen» hätten sie das Korn auf den Äckern zerbissen. Deshalb werden sie im «Erinnerungsteil» der Flugschrift auch als Strafe Gottes bezeichnet. In übertragener Form werden diejenigen, denen die Strafe gilt, mit den reichen Kornhändlern und -verkäufern gleichgesetzt, die mit ihrem Handel nichts anderes im Sinn hätten, «denn schaden zu thun, Theure zeit zu machen, die Menschen zu beissen, korn zu behalten, und nicht zuverkeuffen». Der Autor betrachtet die Ratten als Aufforderung an die Kornhändler, die Menschen nicht zu betrügen, sondern ihnen genügend Korn zu geben.

Eine solch zeichenhafte Deutung entspricht nicht dem heutigen Weltbild und ist demzufolge in einem Pressebericht aus dem Jahr 2000 nicht anzutreffen. Dort heißt es: «Statt Regentropfen fallen in der sizilianischen Hauptstadt Palermo derzeit Ratten vom Himmel». Weiter wird berichtet, die Ratten hätten sich derart vermehrt, daß sie zu Tausenden aus der Kanalisation auf die Hausdächer gestiegen seien. Da die Gebäude der Altstadt zum Teil recht baufällig seien, rutschten sie ab und stürzten in die Tiefe. Deshalb konnten die Anwohner und Passanten den Vorfall tatsächlich für einen «Rattenregen» halten. Statt von einem Wunder zu sprechen, führten die Menschen jedoch Demonstrationen durch, um die Stadtverwaltung zu Gegenmaßnahmen zu veranlassen.

Wie Blut, Korn, Schwefel, Feuer oder Ratten, so konnte es auch **Frösche** vom Himmel regnen. Die ‹Vossische Zeitung› berichtet im Jahr 1777, daß es «kriechende Thiere» regne. Man fand dafür jedoch sogleich eine natürliche Erklärung: Die Sonne habe die Froschlaichen mit den Dünsten aus der Erde gezogen und durch ihre Strahlen ausgebrütet.

Heute weiß man, daß es sich um frisch metamorphosierte Jungfrösche handelt, die nach längerer Trockenzeit vorwiegend im Sommer nach Gewitterregen massenhaft abwandern, so daß der Eindruck entsteht, es hätte Frösche geregnet.

Doch die Vorstellung des Froschregens als wunderbares Zeichen scheint immer noch im Bewußtsein der Menschen verankert zu sein. Dies läßt zumindest der Film ‹Magnolia› (1999) vermuten, der den Froschregen als Zeichen dafür einsetzte, daß selbst äußerst unwahrscheinliche Dinge doch geschehen können – «but it did happen».

Lit.: Paul Simons: Froschregen, Kugelblitze und Jahrhunderthagel. Warum das Wetter verrückt spielt, München 1997.

Wundertiere

Tiere, die wir heute, zumindest aus dem Zoo oder aus Dokumentarfilmen, kennen und die für uns nichts Besonderes sind, wurden bis in die Frühe Neuzeit oft als Wundertiere betrachtet. Als der erste Elefant nach Deutschland kam, die erste Giraffe, der erste Löwe, das erste Krokodil, versammelten sich die Menschen und zahlten Eintritt, um sich das Tier ansehen zu können. Allein die Exotik dieser Tiere, die in Europa nicht heimisch waren, ließ sie als Sensationen, als Wunder erscheinen.

Es gab aber auch Tiere, die allen Menschen, egal, woher sie stammten, nicht bekannt gewesen sein dürften, nämlich zahl-

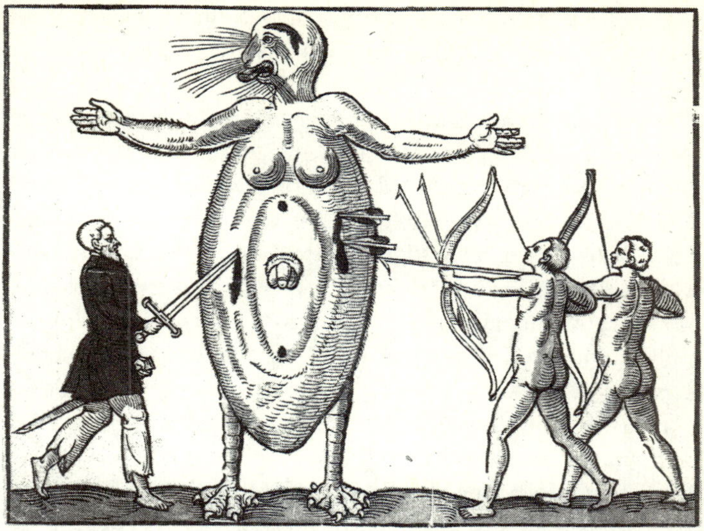

Augsburger Flugblatt über ein Meermonster, das man angeblich 1564 in Brasilien gefunden haben soll

reiche Arten von Meerestieren. Gerade im Meer als eine der Regionen, die dem Menschen damals weitgehend unzugänglich war, vermutete man im Mittelalter geheimnisvolle Wesen. Dabei wurden wundersame Phantasiegeschöpfe nicht von realen Naturgeschöpfen unterschieden. Selbst die gegen Ende des Mittelalters entstehenden naturkundlichen Werke nahmen neben den allgemein bekannten Tieren solche phantastischen Wundertiere mit auf. So widmet Konrad von Megenberg in seinem ‹Buch der Natur› von 1349/50 ein eigenes Kapitel den «Merwundern», in dem er unter anderem von «mertrachen», «wasserpfärden» und «merjunckfrauen» schreibt.

Zu Beginn der Neuzeit nahm man zwar zunehmend von solchen abergläubischen Vorstellungen Abstand und versuchte auch die Tiere des Meeres objektiver zu untersuchen, wie beispielsweise Conrad Gesners ‹Fischbuch› von 1568 zeigt. Doch gerade Meerestiere hatten ihren geheimnisvollen Charakter noch nicht vollständig verloren, wie die folgenden Beispiele demonstrieren.

Bei einem Fisch, von dem ein Flugblatt von 1584 berichtet, ist zwar der Name bekannt – es handelt sich um einen «Schwerdtfisch» –, doch trotzdem wird er als ein «Neuer seltzamer Fisch und Mehrwunder» vorgestellt. Selbst wenn man Informationen über Bezeichnung und Eigenschaften des Tieres besitzt, wird es also als Wunder betrachtet. Gerade aufgrund seines schwertähnlichen Maules gilt es den Menschen als Vorzeichen für «groß trübsal und gefahr», vor der nur Gott die Menschen behüten kann.

1564 wurde in Brasilien ein Meerwunder gesehen. Es hat sich dort «mit grossem heülen und toben» an Land begeben und die Menschen angegriffen. Nachdem ein Mann ihm im Kampf mit dem Schwert unterlegen war, kamen ihm zwei Brasilianer mit Pfeil und Bogen zu Hilfe und erlegten das Monster. Das «Meerwunder» war «17 Schüch lang» und hatte einen unförmigen, riesigen Körper, Menschenarme, eine weibliche Brust und große Tierpfoten mit Krallen.

Der 1630 in Frankreich entdeckte «Meer-Trachen» fiel ebenfalls durch besondere Grausamkeit auf. Er hat nämlich zwei Hunde sowie einen Arbeiter zu Tode gebissen und dann sogar noch «mit dem Haupt des zerrissenen Menschen gespielet». Als man ihn nach weiteren grausigen Taten mit dem Schwert erlegen wollte, «wolte das Thier nicht fallen, biß daß es von einem Musquetirer durch den Kopff geschossen wurde». Sowohl aufgrund seiner Grausamkeit als auch aufgrund seines Äußeren wird das Tier mit einem Löwen verglichen, sei jedoch größer und habe Füße, die zum Schwimmen geeignet seien. Man könne es somit insgesamt keiner bekannten Tierart zurechnen, weshalb man es als Drachen – also als Fabeltier – und Wunderzeichen Gottes bezeichnet.

Daß man selbst im 18. Jahrhundert noch von der Existenz von «Meerwundern» ausging, belegt ein Flugblatt von 1775, das einen

«Meer Drachen oder Meer Wunder, welcher in Seinen Rachen 384 Zähn hat», abbildet. Kennzeichen sämtlicher «Meerwunder» vom 16. bis zum 18. Jahrhundert ist es also, daß sie über ein äußerst furchterregendes Äußeres verfügen, das nicht an eine bekannte Fischart erinnert. Sie fallen meist durch extreme Größe, Ähnlichkeiten mit wilden Landtieren und besondere Grausamkeit auf. Da man sie keiner Tierklasse zuordnen kann, werden sie als «Meerwunder», «Meerdrachen» oder «Seemonster» bezeichnet.

Im Gegensatz dazu wird eine andere Gruppe von «Wunderfischen» als ‹reale› Fischart abgebildet. Das Wunderbare an diesen Fischen ist also nicht ihre Gestalt an sich, sondern bestimmte Zeichen, die sich auf deren Körper befinden. Meist sind es Symbole wie Ruten und Kreuze, Kriegswaffen und Totenköpfe oder wunderbare Buchstaben, die auf dem Körper der Fische erscheinen und als Vorzeichen für Unheil gedeutet werden.

Bei einigen Tieren liegt der Wundercharakter weniger in den Tieren selbst als vielmehr in den Umständen, unter denen sie auftreten. So wird von Ratten- und Froschregen (→ Wunderregen) berichtet oder von Würmern, die aus den Körpern der Menschen kriechen. Im Jahr 1693 sei «einem dritthalb jährigen Mägdlein» ein «Nestel-Wurm», der «24. Werch-schuh lang» und «von hinden biß vornen zugespitzt sich gestaltet» hat, «tod auß dem Leib herauß kommen». Immerhin «zwölff Zoll» lang war der «abscheuliche Wurm», der 1745 einem Mann entnommen werden konnte. Dieser habe durch sein «Thun und Blehen» dem Mann große Schmerzen verursacht. Da der Wurm «so groß und ungestalt» war und eine sehr seltsame Gestalt mit zwei Köpfen, sechs Beinen und «Augen roth wie Feuer» hatte, gab man ihn als «Wunder» und «Ungeheuer» aus.

«Nattern und Eydexen» haben 1551 in Ungarn einige Menschen «also gemartert und gekrenckt, das sie endtlich den todt davon haben musten». Diese seien ohne Unterlaß in den Körpern der Menschen «auff und nider gekrochen» und hätten so für große Schmerzen gesorgt. Die Krankheit nahm epidemieartige

Züge an und kostete vielen Menschen das Leben. Sie sei nur zu verhindern, indem die Menschen «sich an das wort Gottes» halten und ihr Leben bessern.

Die letzte Gruppe von Wundertieren bilden schließlich wilde Bestien, die den Menschen großen Schaden zufügen. 1632 sorgte ein «grimmiges, zerreisendes und Leut-fressendes Thier» in Frankreich für Aufregung, das Merkmale sämtlicher wilder Tiere wie Löwen, Tiger oder Leoparden in sich vereinigte und «17. so wol grosse und erwachsene als junge Personen nider gerissen und ertödtet» hat. Die Bewohner der betroffenen Stadt berieten sich über die Herkunft des Tieres und kamen zu dem Schluß, daß es sich entweder um ein «Wunderthier auß einem frembden Landt» handele, das sich verlaufen habe, oder aber um «Zauberey und Hexenwerck, damit der leydige Sathan uns die Augen verblendet, und solcher gestallt an den armen Menschen, durch zulassung deß gerechten Gottes, seine Tyranney und grausamkeit verübet». Auf jeden Fall sei «dieses ungewöhnliche Werck uns von Gott, sonderlich und zu dem end zugeschickt, daß wir unsere Sünde erkennen, bekennen, ware reu und leyd darüber haben».

Seit dem 18. Jahrhundert versuchte man, die angeblichen Wundertiere in natürliche Kategorien einzuordnen. Die Klasse «Wundertier», die in vielen frühen Tierdarstellungen, wie in Megenbergs ‹Buch der Natur›, noch vertreten war, verschwand aus den Tierbüchern. Der Glaube an derartige Wundertiere wurde als Aberglauben abgetan. Die Untersuchung galt alleine den realen Tieren, denen die sich etablierende Zoologie ihre ganze Aufmerksamkeit widmete. Sie wurden unter rein naturwissenschaftlichen Gesichtspunkten analysiert, in zoologischen Lehrwerken vorgestellt und naturgetreu abgebildet.

Man begann im 18. Jahrhundert bereits mit der Systematisierung der Tiere in Klassen, Ordnungen und Gattungen. Vor allem durch Carl von Linnés ‹*Systema naturae*› wurde die Zoologie in breiter Front vorangetrieben. Mit Hilfe neuer wissenschaftlicher Methoden gelang es den Zoologen bald, sämtliche (größeren) Landtiere zu erforschen und zu kategorisieren. Probleme ergaben

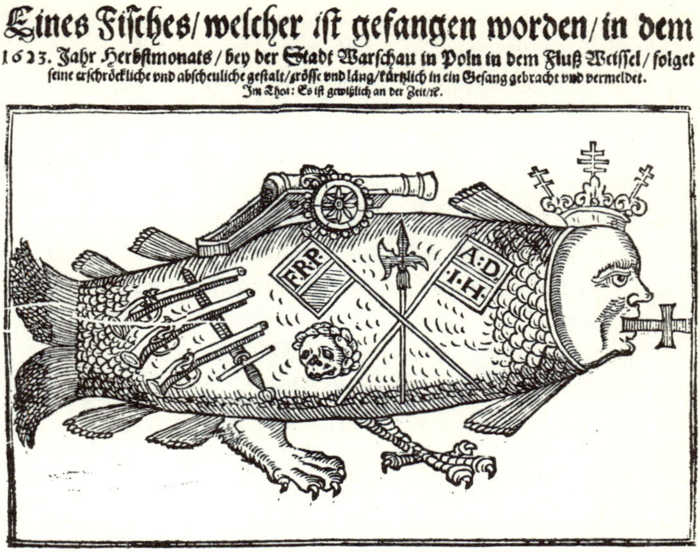

1623 wurde aus einem Fluß bei Warschau
dieser seltsame Wunderfisch geangelt

sich allein bei jenen Tieren, die aufgrund ihrer Größe oder ihres Lebensraumes schwer zu erschließen waren. Dazu zählten zum einen sehr kleine Lebewesen wie Bakterien, die jedoch mit der Erfindung des Mikroskops im 17. Jahrhundert ‹unter die Lupe› genommen werden konnten. Zum anderen gehörte dazu der größte Teil der Meerestiere. Denn das Meer blieb ein Gebiet, das für den ‹nicht-seetauglichen› Menschen ohne die nötigen technischen Hilfsmittel nicht gut zugänglich ist.

Diese Tatsache dürfte dafür ausschlaggebend gewesen sein, daß die Gattung Meerwunder, statt sich mit Zunahme der Aufklärung in den kommenden Jahrhunderten zu vereinfachen, an bizarrer und grotesker Form zunahm. Die Flugblattproduktion über Meermonster und ungewöhnliche Fische kam auch im 18. Jahrhundert nicht zum Erliegen. Weiterhin wurde von unbekannten Wesen berichtet, die zufällig gestrandet waren und aufgrund ihres ungewöhnlichen Aussehens die Menschen erschreckten. Vor allem für die Seeleute galten die Meerwunder als große Gefahr, da man ihnen zutraute, die Schiffe zu attackieren und die Besatzung anzugreifen.

Und selbst heute sind Monster und Wunderwesen noch nicht aus unserer Alltagswelt verschwunden. Sie erfreuen sich vielmehr großer Beliebtheit in vielen Fantasy- und Science-fiction-Filmen und -Romanen. Obwohl man nicht von der Realität der Wesen ausgeht, versetzen sie das Publikum vielfach in Angst und Schrecken.

Doch nicht nur Phantasiewesen haben in der heutigen Zeit Hochkonjunktur, auch die Erforschung der realen Meereswesen läuft auf Hochtouren weiter. Der Kryptomeereszoologie gelingt es immer wieder, die Existenz von Seeungeheuern zu belegen, die man bereits für ausgestorben hielt, wie die Seeschlange oder den Quastenflosser. Sobald man seine Existenz tatsächlich, am besten mit Hilfe eines Fotos oder einer Filmaufnahme, beweisen kann, verliert ein «Wundertier» seinen wunderbaren Charakter.

Einige Seeungeheuer warten jedoch bis heute auf ihr Beweisbild. Das berühmteste Beispiel dafür ist das Ungeheuer von Loch Ness. Im 6. Jahrhundert erstmals erwähnt, fand es immer wieder von neuem Zeugen. Die Sichtungsberichte, die sich seit der Beobachtung des Ehepaars Spicer im Jahre 1933 häuften, weichen jedoch zum Teil erheblich voneinander ab, die meisten Fotos konnten als Schwindel entlarvt werden, und jegliche wissenschaftliche Durchsuchung des Sees nach einem Ungeheuer blieb erfolglos. Bis jetzt ist also unklar, ob es sich bei Nessie um das Hirngespinst mancher Menschen, eine Sage oder aber tatsächlich um ein von der Evolution vergessenes und von der Wissenschaft noch unentdecktes Urzeittier handelt.

Lit.: Richard Ellis: Seeungeheuer. Mythen, Fabeln und Fakten, Basel u. a. 1997; Ingrid Faust: Zoologische Einblattdrucke und Flugschriften vor 1800, 5 Bände, Stuttgart 1998–2000; Hans A. Jenny: Das haarsträubendste Panopticum. Die exquisitesten «Supertiere», Basel 1996; Ulrich Müller und Werner Wunderlich (Hg.): Dämonen, Monster, Fabelwesen,

St. Gallen 1999; Rudolf Schenda, Das ABC der Tiere. Märchen, Mythen und Geschichten, München 1995; Michaela Schwegler: Die Darstellung von Wundertieren auf frühneuzeitlichen Einblattdrucken, in: Fabula. Zeitschrift für Erzählforschung 43 (2002), S. 227–240; Volker Storch und Ulrich Welsch: Kurzes Lehrbuch der Zoologie, Stuttgart u. a. [7]1994.

Allgemeine Literatur

Dorothy Alexander (Hg.): The German Single-Leaf Woodcut. 1600–1700. In Zusammenarbeit mit Walter L. Strauss, 2 Bände, New York 1972

Hermann Bausinger: Aufklärung und Aberglaube, in: Deutsche Vierteljahrsschrift für Literaturwissenschaft und Geistesgeschichte 37 (1963), S. 345–362

Michael Bischoff: Himmelszeichen. Eine bildreiche Kunde von Aberglauben und Ängsten, Nördlingen 1986

Rolf Wilhelm Brednich: Die Liedpublizistik im Flugblatt des 15. bis 17. Jahrhunderts, 2 Bände, Baden-Baden 1974/75

Bernhard Bron: Das Wunder. Das theologische Wunderverständnis im Horizont des neuzeitlichen Natur- und Geschichtsbegriffs, Göttingen 1975

Lorraine Daston: Wunder, Beweise und Tatsachen. Zur Geschichte der Rationalität, Frankfurt am Main 2001

Lorraine Daston und Katharine Park: Wunder und die Ordnung der Natur 1150–1750, Berlin 2002

Richard van Dülmen: Kultur und Alltag in der frühen Neuzeit, Bd. 3: Religion, Magie, Aufklärung. 16.–18. Jahrhundert, München 1994

Gisela Ecker: Einblattdrucke von den Anfängen bis 1555. Untersuchungen zu einer Publikationsform literarischer Texte, 2 Bände, Göppingen 1981

Enzyklopädie des Märchens. Handwörterbuch zur historischen und vergleichenden Erzählforschung, hg. von Kurt Ranke, ab Bd. 5 von Rolf Wilhelm Brednich, Berlin/New York ab 1977

Ingrid Faust: Zoologische Einblattdrucke und Flugschriften vor 1800, 5 Bände, Stuttgart 1998–2000

Hans Fehr: Massenkunst im sechzehnten Jahrhundert, Berlin 1924

Geo Wissen, Nr. 29 (2002): Erkenntnis, Weisheit, Spiritualität

Harald Grochtmann: Unerklärliche Ereignisse, überprüfte Wunder und juristische Tatsachenfeststellung, Diss. Langen 1989

Romano Guardini: Wunder und Zeichen, Würzburg 1959

Rebekka Habermas: Wunder, Wunderliches, Wunderbares. Zur Profanisierung eines Deutungsmusters in der frühen Neuzeit, in: Richard van Dülmen (Hg.): Armut, Liebe, Ehre. Studien zur historischen Kulturforschung, Frankfurt am Main 1988, S. 38–66

Josef Hanauer: Wunder oder Wundersucht? Erscheinungen, Visionen, Prophezeiungen, Besessenheit, Aachen 1991
Wolfgang Harms (Hg.): Deutsche illustrierte Flugblätter des 16. und 17. Jahrhunderts, 7 Bände, Tübingen 1985–2002
Wilhelm Heß: Himmels- und Naturerscheinungen in Einblattdrucken des XV. bis XVIII. Jahrhunderts, Leipzig 1911 (Nachdruck 1973)
Josef Imbach: Wunder. Eine existenzielle Auslegung, Würzburg 1995
Ernst und Marie-Luise Keller: Der Streit um die Wunder. Kritik und Auslegung des Übernatürlichen in der Neuzeit, Gütersloh 1968
Gustav Mensching: Das Wunder im Glauben und Aberglauben der Völker, Leiden 1957
Alfred Messerli: Angst und Wunderzeichen in Einblattdrucken. Überlegungen zu einem Bild/Text-Medium aus der zweiten Hälfte des 16. Jahrhunderts, in: Rolf Wilhelm Brednich und Andreas Hartmann (Hg.): Populäre Bildmedien, Göttingen 1989, S. 131–150
Stefan Monhardt: Zeichen, in: Handbuch religionswissenschaftlicher Grundbegriffe, Bd. V, Stuttgart/Berlin/Köln 2001, S. 389–396
Ulrich Nanko: Wunder, in: Handbuch religionswissenschaftlicher Grundbegriffe, Bd. V, Stuttgart/Berlin/Köln 2001, S. 386–389
Harald Petri (Hg.): Wissen – Glaube – Aberglaube, Bochum 1992
Leander Petzoldt: Kleines Lexikon der Dämonen und Elementargeister, München ^{2}1995
François Reckinger: Wenn Tote wieder leben. Wunder: Zeichen Gottes oder PSI? Aschaffenburg 1995
Petra Roettig: Zeichen und Wunder. Weissagungen um 1500, Hamburg 1999
Veit Rosenberger: Gezähmte Götter. Das Prodigienwesen der römischen Republik, Stuttgart 1998
Veit Rosenberger: Griechische Orakel. Eine Kulturgeschichte, Darmstadt 2001
Rudolf Schenda: Die französische Prodigienliteratur in der zweiten Hälfte des 16. Jahrhunderts, München 1961
Rudolf Schenda: Die deutschen Prodigiensammlungen des 16. und 17. Jahrhunderts, in: Archiv für Geschichte des Buchwesens, Bd. IV, Frankfurt am Main 1963, Sp. 637–710
Rudolf Schenda: Wunder-Zeichen: Die alten Prodigien in neuen Gewändern. Eine Studie zur Geschichte eines Denkmusters, in: Fabula. Zeitschrift für Erzählforschung 38 (1997), S. 14–32
Michaela Schwegler: Erschröckliche doch wahrhafftige Neue Zeitung. Subjektivität und Objektivität in frühneuzeitlichen Wunderzeichenberichten, in: Zeitschrift für deutsche Philologie 121 (2002), S. 72–88

Michaela Schwegler: «Erschröckliches Wunderzeichen» oder «natürliches Phänomenon»? Frühneuzeitliche Wunderzeichenberichte aus der Sicht der Wissenschaft, München 2002

Hugo Staudinger und Johannes Schlüter: An Wunder glauben? Gottes Allmacht und moderne Welterfahrung, Freiburg im Breisgau 1986

Walter L. Strauss (Hg.): The German Single-Leaf Woodcut. 1550–1600, 3 Bände, New York 1975

Bruno Weber: Wunderzeichen und Winkeldrucker 1543–1586. Einblattdrucke aus der Sammlung Wickiana in der Zentralbibliothek Zürich, Zürich 1972

A. Wikenhauser: Wunder, in: Lexikon für Theologie und Kirche, Bd. 10, Freiburg im Breisgau [2]1938, Sp. 980–986

Ferdinand Zahlner: Kleines Lexikon der Paranormologie, hg. v. Andreas Resch, Abensberg 1972

Johann Heinrich Zedler, Großes vollständiges Universallexikon aller Wissenschaften und Künste, Bd. 59, Leipzig/Halle 1749 (Stichwörter «Wunder» und «Wunder = Zeichen»)

Verweisregister

Bildnachweis

Bamberg, Staatsbibliothek 155
Erlangen, Universitätsbibliothek Umschlag
München, Bayerische Staatsbibliothek 73
München, Deutsches Museum 47
Nürnberg, Germanisches Nationalmuseum 36, 57, 107
Nürnberg, Stadtbibliothek 13
Wolfenbüttel, Herzog-August-Bibliothek 22, 141, 145
Zürich, Zentralbibliothek 31, 61, 77, 78, 94, 96, 116, 122, 151

Vorlagen wurden entnommen aus:

Harms, Wolfgang (Hg.): Deutsche illustrierte Flugblätter des 16. und 17. Jahrhunderts, Tübingen 1985 ff. 77, 78, 94, 96, 116, 141, 145

Haselhoff, Eltjo: Faszinierende Kornkreise. Wissenschaftliche Forschung und moderne Legendenbildung, München 2001, Abb. 2 Fotografie © Frank Laumen 75

Walter L. Strauss (Hg.): The German Single-Leaf Woodcut. 1550–1600, 3 Bände, New York 1975 13, 31, 36, 57, 61, 85, 134

Kulturgeschichte

Friedrich Prinz
Das wahre Leben der Heiligen
Zwölf historische Porträts von Kaiserin Helena
bis Franz von Assisi
2003. 318 Seiten mit 13 Abbildungen und 1 Karte. Leinen

Günther Schiwy
Birgitta von Schweden
Mystikerin und Visionärin des späten Mittelalters
2003. 431 Seiten mit 84 Abbildungen und 1 Karte. Leinen

Martin Rees
Das Rätsel unseres Universums
Hatte Gott eine Wahl?
Aus dem Englischen von Thomas Filk
2003. 219 Seiten mit 20 Abbildungen. Gebunden

Karl-Heinz Kohl
Die Macht der Dinge
Geschichte und Theorie sakraler Objekte
2003. 304 Seiten mit 24 Abbildungen. Leinen
C. H. Beck Kulturwissenschaft

Kocku von Stuckrad
Geschichte der Astrologie
Von den Anfängen bis zur Gegenwart
2003. 412 Seiten mit 11 Abbildungen
und 1 Karte. Leinen

Verlag C. H. Beck München

C. H. Beck Wissen

Leander Petzoldt
Kleines Lexikon der Dämonen und Elementargeister
3. Auflage. 2003. 216 Seiten mit 38 Abbildungen. Paperback
Beck'sche Reihe Band 427

Georg Schwaiger (Hrsg.)
Teufelsglaube und Hexenprozesse
4., durchgesehene Auflage. 1999.
203 Seiten mit 15 Abbildungen. Paperback
Beck'sche Reihe Band 337

Thomas Bührke
Sternstunden der Astronomie
Von Kopernikus bis Oppenheimer
2001. 220 Seiten mit 24 Abbildungen. Paperback
Beck'sche Reihe Band 1427

Martin Lambeck
Irrt die Physik?
Über alternative Medizin und Esoterik
2003. 176 Seiten mit 5 Abbildungen. Paperback
Beck'sche Reihe Band 1540

Georg Schwaiger (Hrsg.)
Mönchtum · Orden · Klöster
Von den Anfängen bis zur Gegenwart
2003. 484 Seiten. Paperback
Beck'sche Reihe Band 1554

Verlag C. H. Beck München